하나님 아버지

하나님 아버지

장재명 신학박사 지음

열린서원

머리말

하나님 아버지

　귀한 형제·자매 여러분을 만나게 해주신 하나님 아버지께 감사와 찬송을 드립니다. 교회는 예수님을 하나님의 아들로서 구주로 고백하는 자들로 구성된 거룩한 모임입니다. 하나님이 이끌지 아니하면 자기 힘으로 아무도 나올 수 없는 은혜의 자리입니다. 그러므로 이 책 『하나님 아버지』를 통해 천지 창조 전에 계셨던 예수 그리스도를 아시기를 바라며 복음을 선물로 주시고 세상 종말에 심판자로 오시는 예수 그리스도를 만나는 것은 하나님의 은혜라고 생각합니다.

　이 책은 목회자로 공부하면서 하나님 아버지를 조직신학 과목을 통해 배운 복음 지식을 알려드리고 싶어 창세 전에 하나님과 예수그리스도와 함께 영광스러웠던 때에 인간의 구속사를 계획하시며 성부, 성자, 성령의 삼위일체가 영원 전부터 함께하심을 깊이 깨달으면서 성도 여러분과 기쁜 소식을 함께 나누고자 집필하게 되었습니다. 성도 여러분과 더불어 신학도 여러분, 목회자분들과 공유하고 싶었습니다, 우리는 교회에 다니기 시작하면서 무엇보다. 교회를 왜 다니는가에 대해 분명히 배워야 합니다. 그리고 하나님 아버지를 모시고 사는 신앙생활을 어떻게 하면 잘할 수 있는가를 알아두어야 합니다. 이 책 『하나님 아버지』를 일상에서 이용하시면 복음에 대해 선명하게 정리할 수 있습니다. 구원에 확신을 얻을 수 있습니다. 신앙생활에서 얻을 수 있는 여러 가지 문제를 치료할 수 있습니다. 본 책 하나님 아버지를 통해 깊이 이해할 수 있습니다. 그리고 교회를 사랑하게 될 것입니다. 끝으로 이 책 하나님 아버지에서 만나는 사항들과 하나님 아버지의 사랑을 나누는 아름다운 감동을 즐길 수 있습니다.

창세기 1:2에 " 땅이 혼돈하고 공허하며 흑암이 깊음 위에 있고 하나님의 영은 수면 위에 운행하시니라";

베드로전서 1장 20절에는 하나님의 어린 양이신 예수께서 창세 전에 인류를 구속하기 위해 택함을 받으셨다.

욥기 26:13에 " 그의 입김으로 하늘을 맑게 하시고 손으로 날렵한 뱀을 무찌르시나니";

시편 104:30에 " 주의 영을 보내어 그들을 창조하사 지면을 새롭게 하시나이다";

창세기 3장 8절에 하나님은 에덴 동산을 거닐며 사람을 찾으시는 분이었다.

태초부터 그분은 에덴동산에서 사람과 함께 걸으시며 마치 아버지가 자녀들에게 말씀하듯이 아담과 이브에게 말씀하셨습니다. 이러한 인격적 관계는 하나님의 관계적 성격에 대한 증거입니다. 그분은 멀리 있는 창조주가 아니라 자기 자녀들과 함께 계시기를 기뻐하시는 사랑 많으신 하나님 아버지이십니다. 종말 그때에 우리 그리스도인들도 행위로 심판을 받게 되는 것입니다.

왜 칭의 받은 그리스도인들이 심판대에 서야 하는가? 루이스 벌코프 조직 신학자는 그의 책 조직신학 책에서 이렇게 얘기합니다.

"성경은 우리로 하여금 그리스도인들의 죄가 다 드러날 것을 얘기한다." 그러나 그 드러날 때 정제를 바꿔서가 아니라 이미 예수 그리스 안에서 용서받은 죄로 드러나게 될 것이다.

저것은 무엇일까요? 그리스도인들이 그 심판 속에서 자기 행위를 통해 죄가 드러나게 될 때 참으로 하나님의 은혜를 깊이 깨닫게 된다는 것입니다.

지금도 우리는 하나님의 은혜를 깨닫고 있습니다. 그러나 그 심판대에 가면 "나의 죄가 드러날 때, 나 같은 죄인이 정말 예수님 아니었으면 나도 저 죄인들처럼 지옥 가야 되는데, 예수 그리스도를 위해서 내가 죄사함 받고 하나님의 나라에 들어가게 됐구나. 나는 정말 가치가 없는 존재," 그러면서 우리가 하나님의 은혜에 참으로 아주 깊이 살아있을 때보다 더 감사하게 될 것이라고 우리가 믿고 있습니다.

아무쪼록 이 책을 통해서 하나님의 은혜가 충만하시기를 기도합니다. 사랑하는 형제·자매님들을 만나게 해주신 하나님께 다시 한번 감사를 드립니다.

이제 어두워지는 눈으로 마지막이 될 집필을 마감하면서 함께 수고한 우리 예수 그리스도 연구회 분들에게 감사드리며 이 책을 바칩니다.

장재명(신학박사, 수원 그리스도 교회 담임목사)
예수그리스도 연구회
2025년 6월 9일

이같이 너의 빛이 사람 앞에 비치게 하여 그들로 너의 착한 행실을 보고 하늘에 계신 너희 아버지께 영광을 돌리게 하라(마태복음 5장 16절).

■ 추천사

하나님 아버지

박신배(신학박사·강서대 구약학 교수)

　설교집을 내고 복음을 전하며 살아간다는 것은 행복한 삶을 살아가는 것이다. 행복이라는 말이 헬라어로는 유다이모니아(신과 함께함)라 한다. 장재명 박사의 이번의 책은 성부 하나님, 하나님 아버지에 대한 설교문과 조직신학적 주제를 엮어서 신학적 질문을 하며 저술하고 있다. 이는 아버지 부재의 삶과 신학적 연결점에 대한 집요한 질문이 낳은 결실이라 보인다. 삼위일체 신학은 교회사 역사 속에서 수많은 논쟁점과 신학적 문제를 낳았다. 2부부터는 조직신학적 신론의 문제로서, 교회학에 있어서 신론의 위치, 하나님에 관한 인식, 하나님에 관한 계시, 하나님의 존재 등 다루고 3부에서는 천사론을 다루며, 4부에는 선과 악의 문제, 신정론의 문제를 다루며 5부에서는 창조론, 6부에서는 성경의 가르침과 하나님의 계획 등을 다루고 7부에서는 종말론과 천년 왕국의 문제 등 전반적인 조직신학적 문제를 개괄하며 다루며 하나님 아버지의 주제를 총괄한다.
　기독교 성례전에 있어서 핵심적인 주의 만찬도 성자 예수 그리스도의 사역과 의미가 있다고 하면, 성부 하나님은 천지 창조와 성자 예수 그리스도의 파송, 그리스도의 구속사를 완성하시는 분으로서 역할을 한다.

따라서 성부 하나님의 연구와 설교는 귀하고도 귀한 작업인데 이를 잘 서술하고 있어서 일독을 추천합니다.

저자가 이 책을 저술하게 된 배경을 머리말에서 밝히듯 성부, 하나님 아버지의 의미가 중요한 것임을 말하고 있다. "창세 전에 하나님과 예수 그리스도와 함께 영광스러웠던 때에 인간의 구속사를 계획하시며 성부, 성자, 성령의 삼위일체가 영원 전부터 함께하심을 깊이 깨달으면서... 우리는 교회에 다니기 시작하면서 무엇보다. 교회를 왜 다니는가에 대해 분명히 배워야 합니다. 그리고 하나님 아버지를 모시고 사는 신앙생활을 어떻게 하면 잘할 수 있는가를 알아두어야 합니다." 한편, 삼위일체의 성부 하나님, 성자 예수, 성령님이 기독교 중요 핵심이라고 하면 가톨릭이나 칼 융이 성모 마리아를 추가하여 신앙의 추가적 요소를 가진 것은 한편 생각 여지에 문제가 있다고 본다. 아무쪼록 그리스도의 교회의 전도자로서 건축 전문가로서 또 설교가로서 가정 제단의 목회자로서 모범이 되는 성공적인 주의 종으로 서서 또 축하할 만한 설교집과 조직신학의 융합을 시도한 것은 새로운 저작에 큰 족적이라 생각하여 크게 치하하며 계속되는 신학의 저작을 기대합니다.

앞으로도 아름다운 노아 방주의 가정 제단을 통해 신학적 작업과 목회의 결실인 설교집이 출판되도록 기대하며 진리의 그리스도의 교회, 한국 그리스도의 교회의 발톤 스톤과 알렉산더 캠벨과 같은 신학적 작업이 계속되기를 바라 마지않으며 큰 박수를 치며 맺음말에 갈음하고자 합니다.

박신배 박사(강서대 구약학 교수)
2025년 6월 09일 봉화산 서재에서

■ 추천사

하나님 아버지

최성대 (구약신학 박사)

　청교도 신학자 패커(J. I)의 주저(主著) 「하나님을 아는 지식」의 장점은 하나님에 관한 정보 보다 하나님 자신을 아는 인격적 지식을 강조한 것이 큰 장점이다. 책의 아쉬운 점은 성 어거스틴의 삼위일체론(15권 전체가 성부론 없이 전통적 방법론인 관계성 탐구)처럼, 목록에 하늘에 계신 우리 아버지로 보면 좋겠습니다.
　그러나 패커의 이해력은 신학적 쟁점 보다 개인적 신앙의 주체로서 삼위일체 하나님의 관계 맺기에 초점을 맞춤으로써 독자들이 체계적인 지식습득보다 현존적인 만남을 추구하도록 유도하기 위함이라고 믿어진다.

　그럼에도 불구하고 성경은 약 300회 이상 "하나님 아버지"(NIV, God the Father)의 성호를 언급하고 있기에 경건한 신학의 서적에 하나님 아버지를 강조하는 항목이 필요하던 차에 『하나님 아버지』를 집필한 장재명 목사님의 존귀한 책 경건서에 대해 감사함을 드린다. 오늘 지구촌은 남편 부재의 영적 과부와 아버지 부재의 영적 고아로 인하여 몸살을 앓고 있는 시점에 하나님 아버지의 저술을 접하는 독자에게 위로와 치유의 책으로 들림받기를 소원한다.

성경의 세 가지의 핵심 사도신경(하나님 아버지를 내가 믿사오며, In God Father I trust)과 주기도(하늘에 계신 우리 아버지, Our Father in Heaven)와 십계명(제오 第五: 네 아버지와 네 어머니<'어버이'>를 공경하라, Obey your parent)의 공통분모는 신령한 어버이를 신뢰(信賴)하고 부르고 무겁게 공경(恭敬)하라(히, כָּבֵד '카바드' 피엘 명령 남성 단수)(출 20:12)는 실재적 현재를 강조한다.

성경의 정경(正經) 마무리는 요 17장 대제사장이신 예수 그리스도의 기도의 중요한 특징, 즉 그리스도 예수 아들의 기도에 나타난 아버지여(호격 呼格)와 당신(You)의 구분점(marker)은 아래와 같다.

아버지여! 파테르(헬, Πάτερ, Pater, Father) 3인칭(사역자의 속성) 호격(呼格 vocative)의 표현 총 5회(요 17:1, 5, 21, 24, 25). 당신 2인칭 친밀한 인격 관계의 표현은 총 33회이다.

1. 수(σου '당신의') 소유격(genitive) (1절 2회, 6절 2회, 7절 8절 11절 12절 14절 17절 26절)(합 11회).

2. 세(σέ) 목적-대격(accusative '당신을')(1절 3절 4절 11절 13절 25절의 2회) (합 7회).

3. 수(σου) 주격(nominative '당신은') (5절 8절 10절의 '사'<σὰ 중성 복수>의 2회, 17절의 소스<σὸς 남성 단수> 21절의 수 2회, 23절의 수 2회, 25절 (합 10회).

4. 소이(σοί) 여격(與格 dative 당신에게) (5절 6절 9절 21절) (합 4회).

5. 세아우토(σεαυτῷ) '당신의 자신-임재에게'(thine own self or your presence) 재귀(再歸) 대명사 2인칭 남성 단수 여격(5절). 재귀는 고유성, 주체성 개성화(individuation) 전인격-전일성(whole personality)으로 돌아오는 것을 함의(significance)한다.

한글 성경은 2인칭 당신(You)을 모두 3인칭 '아버지여'로 표현한 것은 본의 아니게 친밀한(pros 요 1:1-2) 인격 실재적 자유와 그 생명성

(요 14:6)과 거리를 멀게하는 과거지향-복고주의(復古主義)의 문화-문명을 되돌아보게 한다.

❶ M. 부버의 「나와 너」(1923년), 근동 유대교 자연신비가
❷ F. 에브너의 「나와 너」, 서양 관념(觀念)-사변성(思辨性)의 분화
❸ 동양 유교의 「나와 너」, 가부장주의의 경직된 관계성이다.

성경은 세상의 아버지(요 8:44) 무서워하는 종의 영이 아니라 양자(헬, υιοθεσία '휘오데시아')의 영(헬, '프뉴마') 안에서 친밀한 아빠(헬, Αββα 호격) 아버지의 품(헬, '콜포스' kolpos 요 1:18; 13:23) 속(헬, eis, into) 즉 그 아들의 영을 받아 자유롭게 '아빠 아버지'라고 부를 수 있는(롬 8:15; 갈 4:6) 측량 할 수 없는 영원한 실재적 현재를 강조한다(요 1:18; 13:23).

아버지가 실종(失踪)되어 가는 지구촌 슬픈 고통의 시대 하늘에 계신 우리 아버지의 품 안(요 1:18; 13:23; 21:20)으로 돌아가는 "치유 여정의 영성"이 회복되기를 소원하면서 장재명 목사님의 존귀한 책의 일독을 독자에게 추천하는 바이다.

"내 하나님이여 내 하나님이여 어찌 나를 버리셨나이까"(시편 22:1 = 마 27:46; 막 15:34-> 눅 24:46 "아버지 내 영혼을 아버지 손에 부탁하나이다")

2025. 06. 09
기독교 학술원 수사 최성대 목사 시인(詩人)
Faith Christian University & Theological Seminary
FCUTS 성경학(시편) 교수

■ 추천사

하나님 아버지
－하나님의 창조적 본질과 목적

이명권(비교종교학·중국철학 박사)

장재명 신학박사는 꾸준한 목회와 학문적 결실을 이미 여러 권의 책으로 저술한 바 있다. 『구속사와 희년』이라는 박사학위 논문을 책으로 펴낸 이후 『다니엘』, 『솔로몬의 지혜와 축복』과 같은 성서적 연구는 물론, 『축복의 은혜』 1, 2, 3집에 걸친 설교집을 출간했다. 이렇게 왕성한 집필 활동에 이어 최근에는 『예수 그리스도』라는 중요한 책을 통해 태초에 하나님과 함께 계시면서 만물의 창조에 동참하고 인간을 구원하며, 교회에 대한 경고와 마지막 심판에 대한 전반적인 그리스도론을 전개하며 친절히 설명한 바가 있다.

이번에는 그 연장선에서 『하나님 아버지』라는 신론(神論)을 새롭게 선보인다. 7부로 구성된 내용 중에는 하나님의 우주 창조와 하나님에 관한 계시, 그리고 하나님의 존재를 다루고 선한 천사와 타락한 천사를 구분하여 천사론(天使論)을 전개한다. 이 밖에도 선악의 문제를 다루면서 인간 창조의 필수적 부산물로서의 악(惡)의 문제라든가 선과 악의 문제를 신학적 차원에서 재평가하기도 한다. 악의 결과로써 인간에게 다가온 죽음의 문제도 성경에서 어떻게 다루고 있는가 하는 문제와 죽음 그 이후의 문제도 거론한다.

무엇보다 저자는 창조론에 깊은 관심을 가지고 무로부터의 창조와 하나님의 창조적 본질과 목적, 그리고 그 의미를 묻고 삼위일체 하나님의 사역을 조명한다. 저자가 이번 책에서 신론을 다루는 만큼 그는 성경의 가르침을 바탕으로 하여 하나님 계획의 본질은 무엇이며 하나님의 뜻과 인간의 자유 그리고 인간 행위의 문제를 거론한다. 그리고 7부의 마지막 부분에서는 최후의 심판과 관련된 종말론(終末論)을 말하고, 거지 나사로와 부자의 비유를 통해 죽음 이후의 낙원을 말한다. 또한 예수의 재림과 관련된 천년왕국설이라든지 심판의 경우 영혼과 육체는 어떻게 되는가 하는 문제도 답하고 있다. 그리고 천국과 지옥의 성서적 관점을 밝히고 있다. 이처럼 저자는 기독교 복음주의 시각에서 성서가 말하는 제반 하나님의 활동과 사역에 대해 알기 쉬운 방법으로 친절히 전해주고 있어서 독자들의 일독을 권한다.

2025. 5. 12
밤꽃이 필 무렵 화천 용화산 무위재에서

목차

머리말 / 4
추천사 / 7

1부
하나님은 누구신가?

1. 하나님은 우주창조 이전에 계셨음을 성경은 말씀하신다 / 19
2. 하나님은 우주를 창조하셨다 / 21
3. 하나님께서 창세전에 예수님과 함께 창조하셨다 / 24
4. 하나님의 어린양이신 예수님께서 창세전에 인류를 구속하기 위해 택함을 받으셨다 / 25
5. 예수님은 세상전에 아버지와 함께 하셨던 영광스러움을 이야기 하십니다 / 27
6. 하나님은 우리의 구속사로 완성하신다고 하신다 / 31
7. 믿음이 없이는 하나님을 기쁘시게 할 수 없다 / 36
8. 하나님이 우리를 예수그리스도로 죄 없게 세우셨다 / 41
9. 하나님의 자녀들로 자유와 영광이 들어간다 / 52

2부
하나님의 존재

1. 교회학에 있어서 신론의 위치 / 55
2. 하나님에 관한 인식 / 58
3. 하나님에 관한 계시 / 59
4. 하나님의 존재 / 61

3부
신의 정의 이해

1. 선한 천사 / 65
2. 타락천사-악한 천사 / 79
3. 천사론의 역할 / 91

4부
하나님의 선과 악의 이해

1. 선과 악의 문제를 다루기 위해 고려해야할 내용 / 97
2. 인간창조의 필수적인 부산물로의 악 / 98
3. 선과 악의 문제 재평가 / 100
4. 일반적 죄의 결과로서의 특별한 악 / 101
5. 특별한 죄의 결과로서의 특별한 악 / 104
6. 악의 피해자로서의 하나님 / 107
7. 죽음 이후 / 108

5부
하나님의 창조

1. 창조론의 연구이유 / 113
2. 하나님의 무로부터의 창조 / 116
3. 하나님 창조주의 본질성 / 120
4. 삼위일체 하나님의 사역 / 121
5. 창조의 목적: 하나님의 영광 / 124
6. 창조론의 신학적 의미 / 125

6부

하나님의 계획

1. 성경의 가르침 / 135
2. 신약성경의 가르침 / 143
3. 하나님 계획의 본질 / 156
4. 하나님 뜻과 인간의 자유 / 163
5. 하나님의 소원과 하나님의 뜻 / 165
6. 하나님의 뜻과 인간 행위의 필요 / 167
7. 하나님 역사에 대한 이해 / 169

7부

하나님의 종말론

1. 최후 심판인 종말에 대해 / 173
2. 나사로와 부자의 죽은 후의 세계 / 176
3. 죽으면 바로 낙원에 갑니다 / 184
4. 예수님이 오실 때 천년동안 살 것이다 / 192
5. 심판도 영혼과 육체가 같이 심판받는다 / 196
6. 심판은 상급이 있습니다 / 198
7. 천년 왕국의 여러 견해들이 있기도 합니다 / 199
8. 사탄의 결박이 나옵니다 / 208
9. 지옥과 천국에 대해 알아봅니다 / 219
10. 영원토록 형벌 받는 곳이 지옥입니다 / 225

8부

부록 ｜ 수원 그리스도의 교회 / 228

1부
하나님은 누구신가?

산들이 생기고 땅과 세상이 형성되기 전부터
주는 영혼부터 영원까지 하나님이시로다(시편 90편 2절).

1. 하나님은 우주 창조 이전에 계셨음을 성경은 말씀하신다.

하나님에 관한 깊고 아직 밝혀지지 않은 신비가 있다는 것을 알고 계셨습니까? 창조 이전에 시간 이전에 그분 너머에 있는 그 어떤 것이 있기 전에 하나님은 누구였느냐 이 질문은 수 세기 동안 학자 신학자 영적 탐구자들을 어리둥절하게 만들었는데 이는 우리의 제한된 이해를 벗어나기 때문이다. 우리가 알고 있는 모든 것을 초월하는 현실에 존재하는 영원하고 무한한 존재를 어떻게 상상할 수 있겠습니까? 성경은 이 신비에 대해 무엇을 알려줍니까 그것들이 우리의 모든 질문에 답해 주지는 않지만 우리의 호기심을 불러일으키고 어쩌면 우리의 신앙을 변화시키기에 충분한 단서를 제공합니다. 하나님은 우주를 창조하시기 전에 어떤 분이셨는가 시간 공간 그리고 우리를 형성하게 된 동기는 무엇인가요?

그는 혼자였는가 아니면 이미 자신의 본질과 완전한 교감을 나누며 살고 있었는가 이것은 단지 신학적인 질문의 문제가 아닙니다. 그것은 창조주와 우리의 관계를 깊게 하라는 초대입니다. 신의 기원을 탐구할 때 우리는 자신의 보잘것없음과 영혼의 위대한 신비에 직면하게 됩니다. 이미지의 영역을 걸으며 하나님의 본질에 대해 더 많이 발견할 준비가 되셨습니까? 애초에 신은 누구였는가? 이 질문을 이해하기 위해서는 영혼 속에 몰입해야 하고 시간과 공간을 초월한 존재를 상상해야 한다. 성경은 하나님을 창조주로 제시하지만, 그분이 우주를 창조하시기 전에는 더 이상 존재하지 않았습니다. 이 현실은 우리가 시간에 대한 선형적 인식에 갇혀 있기 때문에 인간의 마음으로 이해하기 어렵습니다.

1). 하나님께는 시작도 끝도 없다(알파와 오메가이시다. 계 22:13)

그러나 하나님께는 시작도 끝도 없다. 그분은 요한계시록에서 말씀하듯이 알파와 오메가이십니다. 계 22:13 그러나 이것이 실제로 의미하는 바는 무엇입니까? 세상을 창조하시기 전에 하나님은 이미 아버지와 아들과 성령 사이의 완전한 친교 안에서 그의 충만함 속에 존재하셨습니다. 삼위일체로 알려진 이 교리는 하나님이 혼자가 아니셨음을 밝혀줍니다. 그 본질 안에는 사랑과 조화와 완전한 만족이 있었습니다. 요한복음 17장 24절에서 예수께서는 아버지께 기도하시며 창세 전부터 나를 사랑하셨느니라고 말씀하십니다. 이 말씀은 만물이 창조되기 전에 존재했던 영원한 관계에 대한 통찰을 줍니다. 그러나 그 자체로 완전하신 하나님께서 창조를 선택하신 이유는 무엇입니까?

2). 하나님은 사랑이시다(요한일서 4장 8절).

이 질문은 우리를 신의 성품의 본질 즉 사랑으로 이끕니다. 요한일서 4장 8절에는 하나님은 사랑이시라는 말씀이 나옵니다. 참된 사랑은 그 본성상 제한되지 않습니다. 그것은 확장되고 넘쳐나고 창조합니다. 그러므로, 창조는 하나님께 필요한 것이 아니라 하나님의 관대하심과 하나님의 영광을 다른 존재들과 나누고자 하는 열망의 표현이었다. 그분은 우리를 필요로 하지 않으셨지만 우리를 사랑하셨습니다.

3). 하나님은 땅과 세상이 형성되기 전부터 계셨다(시편 90편 2절).

그리고 그것은 특별합니다. 잠시 동안 시간과 공간의 한계가 없는 현실 속에 거하시는 영원하신 하나님의 광대함을 상상해 보십시오. 그분은 우리가 알고 있는 한계에 의해 제한되지 않으십니다. 시간은 우주와 그 안에 있는 모든 것과 마찬가지로 당신의 창조물입니다.

시편 90편 2절에 산들이 생기고 땅과 세상이 형성되기 전부터 주는 영혼부터 영원까지 하나님이시로다. 라고 기록되어 있습니다. 이것은 하나님께서 시간을 창조하셨을 뿐만 아니라 과거 현재 미래를 전체적으로 보시며 시간을 초월하신다는 것을 상기시켜 줍니다. 애초에 하나님은 거룩하셨습니다. 그분의 거룩하심은 그분을 어떠한 불완전성이나 부패로부터도 분리시켜 줍니다. 이사야 6장 3절에서 "천사들은 거룩하다 거룩하다 거룩하도다 온 땅이 그분의 영광으로 가득 찼도다" 이 거룩함은 하나님이 누구신지를 정의할 뿐만 아니라 그분이 하시는 모든 일에서 지니신 순결과 완전성의 절대적인 기준을 드러냅니다. 창조 전 하나님의 또 다른 근본적인 특징은 그분의 주권이다.

2. 하나님은 우주를 창조 하셨다 (창세기 1장 3절)

그분은 만물의 창조자이시며 붙들어 주시는 분이십니다. 그분은 한마디로 우주를 존재하게 하셨습니다. 창세기 1장 3절은 예수님께서 빛이 있으라고 말씀하셨고 그 빛이 이루어졌다고 말합니다. 그분은 우리가 알고 있는 모든 것 즉 광활한 우주 별 지구 심지어 우리 자신까지도 그분의 주권적인 의지에 의해 창조되었음을 상기시켜 주십니다. 그러나 이 주권은 권위주의적이지 않습니다. 그분은 자신의 창조물의 유익을 바라는 완전한 사랑의 인도를 받으십니다. 하나님께 시간은 제한자가 아니라 도구입니다. 베드로후서 3장 8절에 여호와에게는 하루가 천 년 같고, 천 년이 하루 같으니라는 말씀이 있습니다. 그는 시간을 초월한 존재이며 이 것은 우리에게 안전을 준다.

그 어떤 것도 그를 놀라게 하거나 그의 통제를 벗어나지 않는다. 태초부터 그분은 우리가 인류로서 직면하게 될 도전을 포함하여 모든 것을 이미 알고 계셨습니다. 애초에 하나님이 누구였는지 숙고할 때 우리는 우리 자신의 한계에 직면하게 됩니다. 유한한 존재로서 무한을 충분히 이해하는 것은 불가능하다.

그러나 이러한 탐색은 우리를 경건하고 겸손한 자세로 초대합니다. 신명기 29장 29절은 은밀한 것은 주 우리 하나님께 속한 것이요, 드러난 것은 영원히 우리 것이요, 우리 자손의 것이니라고 가르칩니다. 하나님에 관해서는 우리가 결코 이해할 수 없는 비밀이 있지만 그분이 우리에게 개시하기로 선택하신 것은 우리의 삶을 변화시키기에 충분합니다. 하나님이 영원하시고 완전하시다는 것을 알면 우리의 관점이 바뀝니다.

1). 하나님은 인간을 창조 하셨다(요한복음 1장 14절)

그분은 우리를 창조하셨을 뿐만 아니라 매일 우리를 붙들어 주십니다. 그분은 우리의 연약함 두려움 희망을 아십니다. 그뿐 아니라 그분은 예수 그리스도를 통해 개인적인 방법으로 자신을 계시하기로 선택하셨습니다. 요한복음 1장 14절에 말씀이 육신이 되어 우리 가운데 거하시니라고 기록되어 있습니다. 영원하시고 무한하신 뭐 하나님께서 우리 역사 속에 들어오신 것은 우리가 그분을 친밀하게 알 수 있도록 하기 위함이었습니다. 하나님은 우주를 창조하시기 전에 이미 우리를 사랑하였습니다. 에베소서 1장 4절에는 하나님의 기초가 놓이기 전에 우리를 택하사 그분 앞에 거룩하고 흠이 없는 사람이 되게 하셨다는 내용이 나옵니다. 이것은 우리가 우연한 사고가 아니라 목적을 위해 계획되었다는 것을 보여쭙니다.

　우리는 더 큰 무언가 영혼 속에서 시작되어 그 전
체에 울려 퍼질 이야기의 일부입니다. 이제 생각해 보십시오. 하나님에 대한 이러한 이해가 당신의 삶에 어떤 영향을 미치는가 그분이 무엇보다도 먼저 존재하셨고 사랑과 거룩하심으로 가득 차 계셨지만 우리를 창조하고 우리와 관계를 맺기로 선택하셨다는 것을 아는 것이 그분을 보는 방식이 바뀌는가 이러한 성찰이 우리가 영원하시고 거룩하시며 사랑이 많으신 하나님과 더 깊은 관계를 추구하도록 이끌어 주기를 바랍니다. 하나님은 과거에도 그랬고 언제나 모든 실재의 중심이셨습니다. 나는 무엇이나 누구에게도 의존하지 않았다. 그들의 실존은 충만하고 완전하며 완전하게 자급자족하였다. 그러나 불가피한 질문이 생긴다.

　왜 영원하고 무한한 하나님이 우주 특히 인류를 창조하기로 결정했는가? 이 질문은 우리로 하여금 하나님의 마음과 그분의 창조 목적을 탐구하도록 이끌며 그분의 본질에 깊은 측면을 드러냅니다. 영원하신 본성을 지닌 하나님은 사랑이십니다. 이 사랑은 단순한 속성이 아닙니다. 그것은 당신 존재의 본질입니다. 첫째, 하나님의 사랑은 성부 성자 성령이라는 삼위일체 안에서 이미 완전한 조화를 이루며 존재했습니다. 이 신성한 친교는 완전한 일치의 표현이었으며 삼위일체의 각 위격이 다른 사람을 영광스럽게 하고 사랑하고 섬기는 영원한 관계였습니다. 요한복음 17장 24절에서 예수는 아버지께 창세 전부터 나를 사랑하셨음이라고 기도하십니다. 이 영원한 사랑은 하나님께서 왜 창조하셨는지를 이해하는 열쇠입니다.

3. 하나님께서 창세 전에 예수님께서 함께 창조하셨다(사도행전 17장 25절)

하나님께서 우주를 창조하기로 결정하신 것은 필요성이나 잘못으로 결정하신 것이 아닙니다. 그는 자신의 존재를 완성하기 위해 외부적인 어떤 것도 필요하지 않았다. 창조는 순수한 은총의 행위였고 그분의 넘치는 사랑의 자연스러운 확장이었다. 사도행전 17장 25절에서 바울은 하나님은 사람의 손으로 섬김을 받는 것이 아니라 모든 생명과 호흡과 다른 것들의 친히 주심이라고 선언합니다. 그것은 하나님께서 우리에게 부족한 것을 공급하기 위해 우리를 창조하신 것이 아니라 그분의 영광과 사랑의 충만함을 우리와 나누기 위해 창조하셨다는 것을 상기시켜 줍니다. 그러므로, 창조는 하나님의 성품의 진술이다.

1). 하나님은 당신의 형상과 모양대로 사람을 창조 하셨다(창세기 1장 27절)

우주의 모든 세부 사항은 우주의 지혜 힘 아름다움을 반영합니다. 하늘 별 바다 심지어 우리 몸에 복잡한 세포까지도 위엄 있는 창조주를 가리킵니다. 시편 19편은 하늘이 하나님의 영광을 선포하며 궁창은 그의 손이 지으신 일을 선포한다. 그러나 모든 창조물 중에서 인류는 특별한 위치를 차지하고 있습니다. 하나님은 당신의 형상과 모양대로 사람을 창조하셨습니다. 창세기1~27 이 말은 모든 피조물 중에서 우리 인간이 그들의 본질을 가장 온전히 반영하도록 설계되었다는 것을 의미한다. 우리는 사랑하고 창조하고 섬기고 그분과 그리고 다른 사람들과 친교를 이루며 살도록 창조되었습니다.

2). 하나님의 창조 사업에 인간을 동참으로 만드신 것이었다.

태초부터 우리의 목적은 하나님의 창조 사업에 동참하는 것이 목적이었으며 하나님이 만드신 세상을 돌보는 것이었습니다. 그러나 이러한 연관성은 널리 퍼지지 않았습니다. 그는 자원했다. 하나님께서 우리에게 주신 자유 의지는 진실하고 자발적인 관계에 대한 하나님의 신뢰와 갈망의 표현입니다. 그러나 왜 세상이 죄의 부패에 직면하게 될 것을 알면서 세상을 창조했는가 이 질문은 우리를 중요한 요점으로 이끈다. 창조는 하나님의 능력에 반영일 뿐만 아니라 그분의 은혜의 반영이기도 하다.

무한한 지혜로 하나님께서는 죄가 세상에 들어와 고통과 분리를 가져올 것을 아셨습니다. 그러나 그분은 그분의 사랑이 인간의 어떤 결점보다 더 위대하기 때문에 창조를 선택하셨습니다.

4. 하나님의 어린 양이신 예수님께서 창세 전에 인류를 구속하기 위해 택함을 받으셨다
(베드로전서 1장 20절).

베드로전서 1장 20절에는 하나님의 어린 양이신 예수께서 창세 전에 인류를 구속하기 위해 택함을 받으셨다는 내용이 나옵니다. 이 말은 빛이 있으라고 말씀하시기 전에도 하나님께서는 이미 구속의 계획을 가지고 계셨다는 것을 의미합니다.

대가를 치르더라도 창조하겠다는 이 결정은 하나님께서 우리 각자를 얼마나 소중히 여기시는지를 드러낸다 그분은 고통이 있을 것을 알면서도 그 희생이 그만한 가치가 있다는 것을 알고 우리를 창조하셨습니다. 십자가는 죄에 대한 긴급대응이 아니었습니다. 그것은 신성한 사랑의 가장 위대한 실증으로서 영원 전부터 계획되었다.

1). 하나님이 세상을 이처럼 사랑하사 독생자를 주셨다(요한복음 3장 16절).

요한복음 3장 16절에 하나님이 세상을 이처럼 사랑하사 독생자를 주셨으니 이는 그를 믿는 자마다 멸망치 않고 영생을 얻게 하려 하심이라고 기록되어 있습니다. 이 구절은 우리가 창조된 이유 즉 하나님의 사랑을 요약합니다. 우주의 창조는 또한 하나님의 주권적 본성을 반영한다. 창세기1장에서 우리는 예수님이 어떻게 권세와 목적을 가지고 창조의 모든 측면을 명령하시는지를 볼 수 있습니다. 그것은 혼돈의 질서를 가져오고 빛과 어둠의 경계를 설정하고 지구와 물을 분리하고 생명을 형성합니다. 존재하는 모든 것은 그분에 의해 그분을 위해 창조되었습니다. 골로새에서 일 그것은 광활한 우주 속에서도 모든 세부 사항이 특정 목적을 위해 계획되었음을 상기시켜 줍니다.

2). 하나님은 동산에서 아담과 이브와 함께 걸으셨습니다.

더욱이 창조물은 교재에 대한 하나님의 갈망을 드러낸다. 태초부터 그분은 동산에서 그 사람과 함께 걸으시며 마치 아버지가 자녀들에게 말씀하듯이 아담과 이브에게 말씀하셨습니다. 이러한 인격적 관계는 하나님의 관계적 성격에 대한 증거입니다. 그분은 멀리 있는 창조주가 아니라 자기 자녀들과 함께 계시기를 기뻐하시는 사랑 많으신 아버지이십니다. 하나님께서는 계속해서 인류를 찾으셨고 깨어진 관계를 회복하기 위해 선지자와 지도자를 보내셨고 결국에는 그분의 아들을 보내셨습니다. 그렇다면 애초에 하나님은 누구였을까요? 그분은 사랑이요. 친교요 거룩하시며 주권이셨습니다. 그리고 그분은 왜 모든 것을 창조하셨을까요?

이 사랑 교재 영광을 우리와 나누기 원하셨기 때문입니다. 장조는 하나님이 그 자체로 영원토록 충분하시지만 그분의 역사 속에 우리를 위한 자리를 마련하기로 결정하셨다는 증거이다. 그분은 우리를 더 위대하고 영원한 것의 일부가 되도록 선택하셨습니다. 이 점을 숙고할 때 우리는 응답하도록 부름 받았습니다. 그토록 위대한 목적을 가지고 사랑과 사랑으로 우리를 창조하신 하나님 앞에서 우리는 어떻게 살 수 있을까요? 우리는 기꺼이 그분의 주권을 인정하고 우리가 창조된 목적을 위해 교제하기를 원합니까? 애초에 계셨던 하나님께서는 우리에게 그분을 개인적으로 알고 그분과 동행하라고 초대하십니다.

5. 예수님은 세상 전에 아버지와 함께 하셨던 영광스러움을 이야기 하십니다(요한복음 17장 5절).

무엇보다도 하나님은 과거에도 그랬고 언제나 사랑과 완전함의 본질이셨습니다. 우리를 흥미롭게 하는 것은 그분이 어떻게 자급자족하시면서 인류를 포함하여 그토록 광대하고 복잡한 우주를 창조하기로 결정하셨는가 하는 것이다. 이 신성한 행위를 이해하려면 우리는 창조가 단순한 시작이라는 개념을 넘어서서 그것을 하나님의 영원한 목적의 표현으로 볼 필요가 있다. 영원 전부터 하나님은 성부 성자 성령의 삼위일체 안에서 완전한 친교 속에 존재해 오셨습니다. 이 관계는 정적인 것이 아니라 생명 사랑 상호작용으로 가득 차 있었습니다. 예수님은 요한복음 17장 5절에서 아버지께 기도하시면서 이제 아버지요 세상 전에 내가 아버지와 함께 있던 영광으로 아버지와 함께 나를 영광스럽게 하옵소서 라고 말씀하십니다.

이 말씀은 우리에게 어떤 창조 이전에도 신의 본질 안에 영광과 조화가 있었다는 것을 계시해 줍니다. 그러나 이 영광은 억제되지 않았습니다. 하나님의 성품을 보여주는 창조적 행위가 넘쳐 흘렀다. 우주의 창조는 이 영원한 영광의 반영이었다. 창조된 모든 요소는 하나님의 지혜와 능력을 반영합니다.

시편 33편 6절은 여호와의 말씀으로 하늘이 지어지고 그 모든 군대가 그의 입에 호흡으로 만들어졌느니라고 말합니다. 창조적 행위는 우연적이거나 충동적인 것이 아니었다. 그것은 신중하고 상세하며 의미로 가득 차 있었다. 은하계와 무한한 세부 사항을 가진 우주는 우리에게 하나님의 위대하심에 작은 표본을 제공합니다. 그러나 인류는 이 창조물에서 독특한 위치를 차지하고 있다.

별들은 하나님의 영광을 선포하지만 우리는 그분의 형상과 모양대로 창조되었습니다. 창세기 1:27 이러한 구별이 우리를 하나님과 동등한 위치에 놓는 것은 아니지만, 우리에게 그분의 성품을 반영해야 할 특별한 책임을 부여한다. 우리는 우리를 둘러싼 세상과 서로 간의 관계를 사랑하고 보살피고 가꾸도록 창조되었습니다. 이 사명은 우리가 그분의 창조 사업에 참여하기를 바라시는 하나님의 갈망을 반영합니다. 그러면 영원하시고 완전하신 하나님께서 우리에게 그토록 탁월한 위치를 주신 이유는 무엇입니까? 답은 사랑에 있습니다. 하나님은 사랑이시며 요일 4:8 참된 사랑은 주고 나누는 것으로 표현됩니다. 창조는 필연적인 행위가 아니라 관대함의 행위였다.

그분은 우리를 그분의 이야기에 참여시켜 우리가 그분의 선하심을 경험하고 그분과 관계를 맺을 수 있게 하기를 원하셨습니다. 하나님께서는 제가 세상에 들어올 것을 아셨지만 창조를 서슴지 않으셨습니다. 그분은 앞으로 겪게 될 어려움과 고통 이별을 알고 계셨지만 그분의 은혜가 모든 것을 구속하기에 충분하다는 것도 아셨습니다. 로마서 5장 8절에서 바울은 우리가 아직 죄인 되었을 때에 께서 우리를 위하여 죽으시므로 하나님이 우리를 향하여 자기의 사랑을 나타내 보이십니다 라고 썼습니다. 이 구속 계획은 창세 전에 구상되었으며 베드로전서 1장에 하나님께서 창조물이 요구할 대가를 위해 준비되셨음을 보여줍니다. 시간을 창조하기 전에 하나님은 이미 시간 밖에 존재했다.

1). 하나님에게는 하루가 천 년 같고, 천 년이 하루 같다(베드로후서 3장 8절).

이 개념은 우리가 존재에 대한 선형적 인식에 갇혀 있기 때문에 우리의 이해에 도전합니다. 하나님께서는 과거 현재 미래가 하나의 실체입니다. 베드로후서 3:8절은 여호와에게는 하루가 천 년 같고, 천 년이 하루 같다는 말씀을 상기시켜 줍니다. 이 말은 하나님께서 우리를 창조하셨을 때 이미 우리의 이야기 우리의 결점 우리의 잠재력을 알고 계셨다는 뜻이다. 그분은 모든 것을 아셨지만 우리를 창조하기로 선택하셨습니다. 이 총체적인 지식은 우리의 자유를 감소시키지 않습니다. 오히려 하나님의 은혜를 강조합니다. 그분은 우리의 연약함을 아셨지만 그분을 사랑하거나 거부할 수 있는 자유 의지를 주셨다 이 선택은 우리와 하나님의 관계를 의미 있게 만드는 것입니다.

그분은 강요된 종을 원하지 않으시고 마음으로부터 그분을 사랑하는 자녀들을 원하십니다. 창조물에서 우리는 또한 하나님의 주권의 표를 볼 수 있습니다. 창세기 1장에서 사건들의 질서 정연한 순서는 창조하실 뿐만 아니라 구조화하시고 조직하시고 유지하시는 하나님을 보여줍니다. 그분은 빛과 어둠 육지와 바다를 구분하시고 모든 것의 경계와 목적을 설정하십니다. 골로새서 1장 17절은 그는 만물보다 먼저 계시고 만물이 그 안에 붙어 있다고 말씀합니다. 이것은 하나님께서 창조를 시작하셨을 뿐만 아니라 오늘날까지 창조를 계속하고 계신다는 것을 의미합니다. 하지만 창조는 하나님의 영원한 계획의 한 부분일 뿐입니다.

2). 우리는 하나님의 피조물이라(에베소서 2장 10절).

하나님께서는 우주를 그 자체가 목적이 되도록 창조하신 것이 아니라 하나님의 영광과 사랑이 드러나는 무대로 창조하셨습니다. 우리는 인간으로서 이 계획에 참여하도록 초대받았습니다. 에베소서 2장 10절에 우리가 하나님의 피조물이라 그리스도 예수 안에서 선한 일을 하려고 주심을 받은 자니 이는 하나님이 우리를 위하여 미리 예비하셨느니라고 했습니다. 이것은 하나님께서 우리를 창조하셨을 뿐만 아니라 사명을 주셨다는 것을 보여줍니다. 애초에 하나님이 누구였는지 생각해 볼 때 우리는 그분이 창조주 그 이상이라는 것을 깨닫게 됩니다. 그분은 모든 사람의 창조주이시며 지탱하시는 분이시며 구속주이십니다. 그분의 계획은 창조로 끝나지 않습니다. 그것은 구속으로 계속되며 모든 것의 회복으로 절정에 이릅니다.

6. 하나님은 우리의 구속사로 완성하신다고 말씀하신다(요한계시록 21장 14절).

요한계시록 21장 5절 "보라 내가 만물을 새롭게 하노라" 라는 가슴 설레는 약속을 알려줍니다. 우리 안에서 선한 일을 시작하신 하나님께서 신실하셔서 그 일을 완성하신다는 사실을 상기시켜 줍니다. 하나님이 어떤 분이셨는지에 대해 생각하는 것은 무엇보다도 먼저 우리를 개인적인 성찰로 이끕니다. 그분은 목적을 위해 우리를 창조하셨고 은혜로 우리를 구속하셨으며 그분의 영광을 반영하는 삶을 살도록 우리를 부르십니다. 문제는 우리가 이 부름에 응답하고 있느냐 하는 것입니다. 우리는 우리의 삶에서 하나님의 사랑과 주권을 인식하고 있습니까? 우리는 하나님께서 행하신 일을 이해하는 것 이상으로 그분을 깊이 알고 매일 그분과 동행하도록 초대받습니다. 첫째로, 하나님은 사랑이요. 거룩하심이요.

그분의 본질 안에서 완전한 교제이셨습니다. 그러나 우주와 인류를 창조하실 때 그분은 당신의 사랑과 영광을 나누기로 선택하셨습니다. 이 결정은 우리를 본질적인 질문으로 이끕니다. 하나님께서 그분을 거역할 수 있는 인간을 창조하신 목적은 무엇이었습니까? 만약 그분이 구속이 요구할 대가를 아셨다면 왜 그분이 앞으로 나아가기로 선택하셨을까요? 그 대답은 하나님의 성품에 깊이 뿌리를 내리고 있습니다. 그분은 사랑하실 뿐만 아니라 사랑 그 자체이십니다.

1). 하나님의 참된 사랑은 희생을 치르더라도 주려고 하신다(요한일서 4장 16절)

요한일서 4장 16절에 하나님은 사랑이시니라 사랑 안에 거하는 자는 하나님 안에 거하고 하나님은 그 안에 거하느니라 참된 사랑은 희생을 치르더라도 주려고 합니다.

하나님께서는 그분의 완전함 안에서 이 사랑을 경험하고 반영할 수 있는 백성을 창조하기로 결정하셨습니다. 그분은 우리가 완전해지기를 원한 것이 아니라 우리가 그분의 영원한 이야기에 참여하기를 바라셨다. 태초부터 하나님은 인류와 교제하고자 하는 열망을 드러내셨습니다. 그분은 아담과 하와를 창조하실 때 그들을 지으셨을 뿐만 아니라 그들과 함께 에덴 동산을 거셨다 창세기 3장 8절은 주님이 한낮의 서늘한 에덴 동산을 거닐며 그분이 창조한 사람들을 찾으시는 모습을 묘사합니다. 이 직접적이고 친밀한 관계는 하나님의 원래 계획이었다.

2). 하나님은 에덴 동산을 거닐며 사람을 찾으시는 분이었다(창세기 3장 8절).

인류는 존재하기 위해서 뿐만 아니라 창조주와 관계를 맺기 위해 창조되었습니다. 그러나 이 완벽한 계획은 죄로 인해 중단되었습니다. 아담과 하와가 하나님께 불순종했을 때 별거가 세상에 들어왔습니다. 직접적인 교제는 깨졌고 인류는 창조주로부터 소외된 자신을 발견했다. 하지만 인간의 반역에도 불구하고, 하나님께서는 자신의 목적을 포기하지 않으셨습니다. 타락의 순간부터 그는 구속의 길을 계획하기 시작했습니다. 창세기 3장 15절에서 우리는 회복의 첫 번째 약속을 찾을 수 있습니다. 여자의 씨가 뱀의 머리를 상하게 할 것입니다.

3)하나님께서 죄와 결과를 알고도 은혜가 더욱 풍성하셨다(로마서

5장 20절).

이 구절은 약속된 구속주이신 예수를 가리킨다. 하나님께서 죄와 그 결과를 알고 계셨음에도 불구하고, 창조를 결정하셨다는 것은 그분의 성품에 대한 심오한 것 즉 그분의 은혜를 드러낸다. 은혜는 과분한 은혜이며 하나님의 선하심이 그것을 얻을 수 없는 사람들에게 부어지는 것입니다. 로마서 5장 20절에서 바울은 죄가 풍성한 곳에는 은혜가 더욱 풍성하도다 라고 썼습니다. 하나님께서는 죄가 큰 대가를 치르게 될 것을 아셨지만 그분의 은혜가 인류를 구원하고 잃어버린 교재를 회복하기에 충분하다는 것도 아셨습니다. 창조물은 또한 하나님의 인내에 대해 가르쳐 줍니다. 그분은 그저 창조하시고 세상이 흘러가도록 내버려 두지 않으셨습니다.

그것은 역사를 지탱하고 인도하며 그 목적을 달성하기 위해 역사가 되는 일을 합니다.

4). 하나님은 선택과 자유를 주시어 돌아오기를 기대하신다(베드로후서 3장 9절)

베드로후서 3장 9절에 여호와께서는 어떤 사람들이 그를 지체하시는 것으로 이해하듯이 그의 약속을 이루시기를 더디하지 아니하시니라 그분은 여러분에게 오래 참으시며 아무도 멸망하지 않고 모두가 회계에 이르기를 바라십니다. 이 인내는 인류가 당신 자신에게로 돌아오기를 기대하고 부르시는 하나님의 영원한 사랑의 반영입니다. 창조의 또 다른 중요한 측면은 자유 의지의 역할입니다. 하나님께서는 인류가 의무감으로 그분을 섬기는 것을 원하지 않으셨습니다. 참된 사랑은 자유가 있는 곳에서만 존재하기 때문에 그분은 우리에게 선택할 수 있는 능력을 주셨습니다. 그러나 이러한 자유에는 위험이 따랐습니다.

아담과 이브는 불순종을 선택했고 그 결정은 끔찍한 결과를 낳았습니다. 하지만 그렇다 하더라도 하나님께서는 자유 의지를 취소하지 않으셨습니다. 그분은 진정한 사랑에 기초한 관계를 원하시기 때문에 우리에게 그분을 따르기로 선택할 기회를 계속 주십니다. 하나님이 인류와 함께하시는 이야기는 창조와 타락의 이야기일 뿐만 아니라 구속과 회복의 이야기이기도 하다. 그분은 우리를 그분과 떨어져 살도록 창조하신 것이 아니라 화해하도록 창조하셨습니다.

5). 하나님은 우리 가운데 예수 그리스도를 통해 가능하게 하셨다 (요한복음 1장 14절).

그러한 화해는 요한복음 1장 14절에서 읽을 수 있듯이 육신이 되어 우리 가운데 거하신 예수 그리스도를 통해 가능합니다. 그리스도 안에서 우리는 영원하신 하나님께서 시간 속으로 들어오셔서 우리의 인성을 입으시고 우리를 그분께로 다시 데려오시는 것을 봅니다.

하나님의 계획은 언제나 죄와 그 결과보다 위대했습니다. 요한계시록 21장 34절에서 우리는 마지막 약속을 찾을 수 있습니다. 보라 하나님의 장막이 사람들과 함께 있느니라 하나님은 그들과 함께 거하실 것이고. 그들은 하나님의 백성이 될 것이며 하나님 자신도 그들과 함께하실 것이며 그분은 그들의 하나님이 될 것이다. 그분은 여러분의 눈에서 모든 눈물을 닦아주실 것입니다. 옛 질서가 사라졌기 때문에 더 이상 죽음도 슬픔도 울음도 고통도 없을 것이다. 이 시련은 인생의 어려움과 도전에도 불구하고, 하나님의 계획이 완전한 회복으로 절정에 이른다는 희망을 줍니다.

하나님이 먼저 오신 것이 무엇이고 그분이 우리를 위해 무엇을 하셨는지를 묵상할 때 우리는 그분의 영광을 반영하는 방식으로 살아야 한다는 부르심에 직면하게 됩니다.

하나님께서는 목적을 가지고 우리를 창조하셨고 그분의 사업에 참여할 기회를 주셨다. 에베소서 2장 10절은 우리가 하나님의 피조물이라 그리스도 예수 안에서 지으심을 받은 것은 선한 일을 위하여 지으심을 받은 자니 이는 하나님이 우리를 위하여 미리 예비하사 우리로 하게 하려 하심이니라 말씀합니다. 이 진리는 우리를 결단의 시점으로 미뻡니다. 우리는 창조된 목적에 따라 살고 있습니까? 우리는 감사와 순종으로 하나님의 사랑에 응답하고 있습니까? 애초에 계셨던 하나님께서는 우리에게 생명을 주시고 그분과 동행하도록 우리를 부르십니다.

그토록 사랑이 많으시고 거룩하시며 자비로우신 하나님의 성품을 알고 반영하는 것보다 더 큰 특권은 없습니다. 애초에 시는 이미 모든 존재의 기초였다.

그분의 영원하심, 거룩하심, 그리고 사랑은 그분을 인간의 논리를 무시하는 위치에 놓이게 한다. 하나님께서는 우주를 창조하시면서 자신의 능력을 드러내셨을 뿐만 아니라 자신의 영광이 알려질 수 있는 길을 열어 주셨습니다. 그러나 그분은 우리를 그분의 창조의 중심에 두심으로써 이 신성한 부르심에 응답할 책임도 우리에게 주셨다. 창조는 하나님의 성품을 반영하지만 그 핵심은 관계 희생 회복에 대한 이야기이기도 하다. 하나님께서 자신의 형상과 모양대로 인간을 창조하셨을 때 그분은 단순히 물질계에 거주하는 것보다 더 큰 목적을 위해 창조하셨습니다.

6). 하나님은 아담과 이브에게 피조물을 돌보는 명령을 주셨다 (창세기 1장 28절).

그분은 우리를 지상에서 그분의 대표자 즉 모든 일에서 그분의 성품을 반영하는 사람들이 되도록 계획하셨습니다. 창세기 1장 28절에서 예수님은 인류를 축복하시고 아담과 이브에게 인류를 다스리고 피조물을 돌보라는 명령을 주셨습니다. 그러나 그 명령은 권력에 관한 것이 아니라 책임에 관한 것입니다.

그것은 하나님과 그리고 우리 주변의 세상과 조화를 이루며 살라는 부르심이었습니다. 이 관계는 신뢰와 사랑의 기초 위에 세워졌습니다.

하나님은 인간을 창조하셨을 뿐만 아니라 인간과 직접 관계를 맺으셨다. 그분은 동산을 거닐며 아담과 이브와 대화를 나누시고 그들이 잘 자랄 수 있도록 완벽한 환경에 두셨습니다.

그러나 자유 의지와 함께 거부의 가능성도 따랐다. 그리고 이것이 바로 인간이 하나님께 불순종하기로 결정했을 때 일어났던 일이다. 에덴에 떨어진 것은 불순종의 행위 이상이었습니다. 그것은 관계의 파탄이었다. 하지만 하나님께서는 자신의 창조물을 버리지 않으셨습니다. 아담과 하와가 타락한 순간부터 하나님께서는 구속의 계획을 시작하셨습니다.

7. 믿음이 없이는 하나님을 기쁘시게 할 수 없다(히브리서 11장 6절).

히브리서 11장 6절에 믿음이 없이는 하나님을 기쁘시게 할 수 없나니 이는 그에게 오는 자마다 그가 존재하시는 것과 자기를 찾는 자들에게 갚아 주시는 줄을 믿어야 함이니라 고 기록되어 있습니다. 우리의 삶은 하나님의 부르심에 대한 우리의 응답을 반영합니다. 만물보다 먼저 계셨던 하나님께서는 여전히 자신의 창조물을 붙들어 주시고 회복시키기 위해 일하십니다. 그분은 우리를 단순한 구경꾼이 아니라 당신 나라의 적극적인 대리인으로서 이 이야기에 참여하도록 초대하십니다. 이제 남은 질문은 우리가 창조된 목적을 반영하는 방식으로 기꺼이 살기를 원하는가? 하는 것입니다.

우리는 하나님의 초대를 받아들이고 그분과 함께 구속과 회복의 길을 걸을 준비가 되었는가 첫째, 하나님은 완전하시고 완전하시며 자급자족하셨습니다. 그분은 그분의 영광 안에서 존재하거나 온전해지기 위해 그 무엇이나 누군가를 필요로 하지 않으셨습니다. 그러나 그분은 창조를 선택하셨습니다. 창조는 필연적인 것이 아니라 앞으로 존재하게 될 모든 것과 그분의 영광과 선하심을 나누기 위한 신중하고 사랑에 찬 선택이었다. 그러나 이 선택은 심오한 도전을 가져왔다. 거룩하시고 완전한 하나님이 어떻게 죄와 불완전성으로 점철될 수밖에 없는 피조물과 관계를 맺을 수 있겠는가? 태초부터 하나님은 당신의 형상을 반영하고 하나님과 교제하며 동행하기 위해 남자와 여자를 창조하셨습니다.

그러나 이 교제는 아담과 하와의 불순종으로 죄가 세상에 들어왔을 때 깨졌습니다. 에덴으로의 타락은 분리와 고통과 죽음을 가져왔고 인류는 창조주로부터 멀어졌다. 그러나 하나님께서는 당신의 창조물을 버리지 않으시고 창세 전에 구상된 구속 계획을 시작하셨습니다. 죄는 하나님과 인간 사이의 관계에 영향을 미쳤을 뿐만 아니라 모든 피조물에게도 결과를 가져왔습니다. 로마서 8:20은 피조물이 지금까지 해산의 고통같이 신음한다고 말합니다. 이것은 죄의 영향이 우리가 직접 볼 수 있는 것 이상이라는 것을 상기시켜 줍니다. 모든 피조물은 헛된 것에 복종하여 약속된 구속을 기다리고 있었다.

1). 예수님은 말씀이 육신이 되어 우리 가운데 거하셨라(요한복음 1장 14절).

이 구속은 인간의 노력에 의해서가 아니라 하나님의 개입에 의해 성취될 것이다. 예수께서 이 세상에 오신 것은 하나님의 내 구속 계획의 절정입니다. 요한복음 1장 14절에서 예수님은 말씀이 육신이 되어 우리 가운데 거하시라고 묘사되어 있습니다. 예수께서는 인간의 모습을 취하심으로써 하나님께서 자신의 창조물에 기꺼이 가까이 가신다는 것을 보여주셨을 뿐 아니라 화해의 영원한 목적을 개시하셨습니다. 십자가 위에서 그분은 세상의 죄의 무게를 짊어지셨고 하나님의 공의를 만족시키신 인류에게 은혜를 베푸셨습니다. 예수의 죽음과 부활은 하나님의 사랑의 증거입니다. 요한복음 3장 16절에 하나님이 세상을 이처럼 사랑하사 독생자를 주셨으니 이는 그를 믿는 자마다 멸망치 않고 영생을 얻게 하려 하심이라 고했습니다. 이 무조건적인 사랑은 전체 구속 계획의 원동력입니다.

2). 하나님은 내가 만물을 새롭게 하노라고 선언하신다(요한계시록 21장 5절).

하나님은 그냥 창조하신 것이 아닙니다. 그는 어떤 대가를 치르더라도 잃어버린 것을 구하기로 결심했습니다. 그것은 모든 것의 최종적인 회복을 표시합니다. 요한계시록 21장 5절에서 하나님은 보라 내가 만물을 새롭게 하노라고 선언하십니다. 이 약속은 언젠가 모든 피조물이 죄와 죽음과 고통에서 벗어나 새로워질 것이라는 희망을 줍니다. 이 복원은 단지 미래에 관한 것이 아닙니다. 그것은 또한 오늘날 우리가 살아가는 방식을 형성합니다. 무엇보다도 중요한 분이신 하나님께서는 자신의 영원한 목적을 이루기 위해 창조물을 빚으시면서 창조물 안에서 계속 일하십니다.

그분은 그분의 영광을 반영하고 그분의 사랑을 나누는 방식으로 살면서 이 과정에 참여하도록 우리를 부르십니다. 마태복음 5장 16절에서 예수는 이와 같이 너희 빛을 사람 앞에 비추게 하여 저 위로 너의 착한 행실을 보고 하늘에 계신 너희 아버지께 영광을 돌리게 하라고 가르치십니다. 우리의 삶은 하나님의 사랑과 은혜에 대한 산 증인이 되어야 합니다. 또한 하나님께서는 우리 안에 역사하시는 것이 완성될 것을 보증하기 위해 성명을 주셨습니다. 에베소서 10:34에서 바울은 너희가 믿었을 때의 약속의 성령으로 인치심을 받았으니 이는 하나님에 속한 사람들이 구속될 때까지 우리의 기업을 보증하여 그의 영광을 찬양하게 하는 것이니라고 썼습니다.

성령은 우리를 그리스도의 형상으로 인도하시고 강하게 하시고 변화시키시며 우리가 하나님과 온전히 화목하게 될 날을 위해 우리를 준비시키십니다. 그러면 이 약속은 오늘날 우리에게 무엇을 의미합니까? 그것은 우리가 하나님을 떠나서 살도록 창조되지 않았다는 것을 상기시켜 줍니다. 우리는 그분과 동행하고 그분을 알고 그분의 영광에 참여하도록 만들어졌습니다. 십자가에서 시작된 구속은 우리의 삶 속에서 계속되며 우리를 빚으시고 우리가 창조된 목적에 따라 살 수 있게 해 줍니다. 애초에 계셨던 하나님께서는 믿음과 순종으로 그분의 사랑에 응답하라고 우리를 부르십니다. 그분은 우리가 어둠으로 점철된 세상에서 빛이 되어 그분의 구속 사업에 참여하도록 초대하십니다. 이제 남은 질문은 우리가 이 부름을 기꺼이 받아들일 것인가? 하는 것입니다.

우리는 하나님의 영광을 반영하는 방식으로 살고 그분의 선하심을 세상에 선포하고자 합니까?

창조에 대한 하나님의 이야기는 단지 그분이 과거에 행하셨거나 미래에 하실 일에 관한 것이 아닙니다. 그것은 그분이 바로 지금 우리 안에서 우리를 통해 하고 계신 일에 관한 것입니다. 그분은 여전히 만물의 창조주 구속주 회복주이시며 희망과 목적과 감사로 살며 그분과 동행하도록 우리를 부르신다. 첫째, 하나님은 영원하시며 사랑과 영광이 충만하셨습니다. 우주를 창조하기로 한 그분의 결정은 관대함의 행위였으며 그분의 성품을 표현한 것이었습니다. 그러나 그렇게 하심으로써 하나님께서는 인류의 타락과 죄의 결과를 예상하시며 구속과 회복을 포함한 계획을 세우셨습니다.

이 계획은 하나님의 주권을 드러낼 뿐만 아니라 불완전하고 반역적인 피조물을 다루시는 그분의 인내와 자비를 드러냅니다. 죄가 세상에 들어왔을 때 그것은 하나님과 인간 사이의 분리를 가져왔습니다. 아담과 하와가 에덴에서 누렸던 직접적인 교제는 붕괴되었고 인류는 자신들의 불순종에 무게를 짓고 살기 시작했습니다. 그러나 하나님은 당신의 창조물을 버리지 않으셨습니다. 애초부터 그분은 모든 것을 자신과 화해시키는 것으로 절정에 달할 구속의 계획을 시작하셨습니다. 이 계획은 하나님으로부터 돌아선 사람들을 찾아 구원하기로 선택하신 하나님의 무조건적인 사랑을 보여 주는 것입니다. 구속의 약속은 역사를 통해 점진적으로 개시되어 왔습니다.

3). 하나님은 여자의 씨가 뱀의 머리를 상하게 함을 약속하셨다(창세기 3장 15절).

그것은 창세기 3장 15절에 직접적인 말씀으로 시작되었는데 그 구절에서 하나님은 여자의 시가 뱀의 머리를 상하게 할 것이라고 약속하셨습니다. 이 첫 번째 메시아에 대한 예언은 죄와 사망의 권세를 물리치실 분인 예수 그리스도를 가리킵니다. 성경 곳곳에서 우리는 하나님께서 어떻게 성약과 선지자를 통해 그분의 약속을 재확증하시고 구주의 재림을 위한 길을 닦으셨는지를 볼 수 있습니다. 그러한 약속 중 하나는 이사야53장에서 찾을 수 있는데, 거기서 선지자는 우리의 죄악을 담당하고 우리를 대신하여 고통을 겪을 고난받는 종에 대해 묘사합니다. 그리스도께서 오시기 수세기 전에 쓰여진 이 예언은 하나님의 구속 계획이 세상이 창조되기 전에도 계획되었다는 분명한 증거입니다.

베드로전서 1장 20절에서 베드로는 창세 전의 택함을 받으셨으나 이 마지막 때에 너희를 위하여 자기를 나타내셨느니라고 썼습니다. 예수를 보내신 이 신성한 선택은 죄로 인한 무질서에 직면해서도 하나님께서 항상 통제하고 계셨다는 것을 보여줍니다. 십자가는 하나님의 구속 계획의 절정입니다. 그리스도 안에서 하나님은 자신을 창조하셨을 뿐만 아니라 당신의 창조물을 회복하기 위해 모든 것을 기꺼이 희생하신 분으로 계시하셨습니다. 요한복음 1장 14절에 말씀이 육신이 되어 우리 가운데 거하시니라고 기록되어 있습니다. 이 성육신의 행위는 인류에 대한 하나님의 비범한 움직임이었다. 그분은 우리의 고통을 겪으시고 우리의 한계를 직시하심으로 우리가 그분의 은혜를 온전히 알 수 있도록 우리 중 한 사람이 되셨습니다.

8. 하나님이 우리를 예수 그리스도로 죄 없게 세우셨다 (고린도전서 5장 21절).

예수는 십자가에서 우리 죄의 무게를 짊어지셨고 우리가 받아야 할 형벌을 짊어지셨습니다. 고린도전서 5장 21절에서 바울은 하나님이 우리를 위하여 죄 없던 글을 세우셨으니 이는 우리가 그로 하여금 하나님의 의가 되게 하려 하심이니라 고 썼습니다. 이 대속의 행위는 자신을 거부한 사람들을 위해 자신을 바치기로 선택하신 하나님의 깊은 사랑을 드러냅니다. 예수의 죽음은 단순한 역사적 사건이 아니었습니다. 그것은 하나님께서 모든 피조물을 당신 자신과 화해시키시는 순간이었습니다. 그러나 하나님의 계획은 십자가에서 끝나지 않습니다. 예수의 부활은 그분의 구속 사역이 완전하고 효과적이라는 보증입니다.

고린도전서 15장 20절에서 바울은 그러나 그리스도께서는 참으로 죽은 자 가운데서 살아나셨으니 이는 잠자는 자들의 첫 열매니라고 선언합니다. 예수께서 죽음을 이기신 것은 만물의 최종적인 회복을 미리 맛보는 것입니다. 그것은 언젠가 창조물이 완전히 새로워져 죄와 그 결과로부터 자유로워질 것이라는 희망을 줍니다. 이 희망은 단지 미래를 위한 것이 아닙니다. 그것은 오늘날 우리가 살아가는 방식을 형성합니다. 그리스도를 따르는 자로서 우리는 우리의 삶에서 하나님의 영광을 반영하는 새로운 피조물로 살도록 부름받았습니다.

고린도후서 5장 17절에 누구든지 그리스도 안에 있으면 새로운 피조물이니라 낡은 것들은 지나갔고 보라 새로운 것들이 나타났도다. 이러한 개인적인 변화는 모든 피조물을 회복하기 위한 하나님의 더 큰 계획의 일부이다. 또한 하나님께서는 우리를 그분의 구속 사역에 참여하도록 초대하십니다. 그분은 우리를 당신의 대사로 부르시고 세상에 화해의 메시지를 전하도록 부르십니다. 마태복음 28장 19-20절에서 예수님은 그러므로, 너희는 가서 모든 족속으로 제자를 삼아 아버지와 아들과 성령의 이름으로 세례를 주고 내가 너희에게 분부한 모든 것을 가르쳐 지키게 하라고 명령하십니다. 그리스도인으로서 우리의 사명은 하나님의 사랑을 반영하고 모든 사람에게 그분의 은혜를 선포하는 것입니다.

1). 하나님께서 고통과 죽음이 없을 것이라는 약속을 하십니다(요한계시록 21장 3-4절).

궁극적으로 하나님의 계획은 창조의 완전한 회복으로 절정에 달할 것이다. 요한계시록 21장 3-4절에서 우리는 하나님께서 그분의 백성과 함께 거하실 것이며 다시는 눈물이나 죽음이나 고통이 없을 것이라는 약속을 발견합니다. 이 견해는 만유의 최초이신 하나님이 만물의 끝이시라는 것을 상기시켜 줍니다. 모든 것을 타락 이전에 존재했던 완전한 상태로 되돌리기 위해 일하고 계십니다. 창조 타락 구속에 관한 이 이야기는 우리 자신과 하나님의 관계에 대해 성찰하도록 도전합니다. 우리는 그분이 우리에게 보여주신 사랑에 반응하며 살고 있습니까? 우리는 그분의 구속 계획에 참여하여 그분의 영광과 은혜를 세상에 선포하고 있습니까?

먼저 오셨던 하나님께서는 우리가 그분이 쓰신 영원한 이야기의 일부임을 알고 목적과 소망을 가지고 살도록 우리를 부르십니다. 첫째, 하나님은 영원토록 완전하시고 완전하시며 주권자이셨습니다. 그분은 우리가 존재할 필요가 없으셨지만 그분의 영광과 사랑과 선하심을 나누기 위해 창조를 선택하셨습니다. 태초부터 그분은 자유 의지를 부여받은 인류가 죄에 빠질 것임을 알고 계셨다. 그럼에도 불구하고, 그는 앞으로 나아가기로 결심하고 모든 것의 화해와 회복으로 절정을 이룰 구속 계획을 세웠다 영원 먼 과거에 시작된 이 계획은 역사 전반에 걸쳐 펼쳐져 왔으며 미래에 완전히 드러날 것입니다.

하나님께서는 당신의 형상과 모양대로 인간을 창조하셨을 때 인류에게 존엄성과 목적을 부여하셨습니다. 우리는 그분의 성품을 반영하고 지혜와 보살핌으로 피조물을 사랑하고 다스리도록 창조되었습니다. 그러나 죄는 이 사명을 왜곡하여 우리를 하나님과 우리의 참된 정체성에서 멀어지게 했습니다. 그러나 주님은 무한한 은혜로 우리를 포기하지 않으셨습니다. 그분은 무자비한 재판관으로서가 아니라 잃어버린 자녀들을 회복시키려고 애쓰는 사랑 많은 아버지로서 행동하기로 선택하셨습니다. 이 탐구는 하나님께서 아브라함과 계약을 맺은 아브라함과 같은 사람들에게 주어진 약속으로 시작되었다. 창세기 십이장에서 그분은 너로 말미암아 땅의 모든 민족이 복을 얻으리라고 선언하셨습니다.

이 약속은 아브라함의 자손인 예수 그리스도에서 절정을 이룰 구속의 계획을 가리킨다. 세대에 걸쳐 하나님께서는 이 약속을 재확인하시며 그분의 계획을 점진적으로 개시해 오셨습니다. 이 계획의 절정은 예수의 성육신이었다.

예수는 자신의 생애를 통해 하나님이 누구인지 동정심이 많고 공의로우며 사랑이 많으신 분임을 보여 주셨습니다. 그분은 치유하시고 가르치시고 용서하시고 아버지의 마음을 드러내 주셨습니다. 그러나 그의 사명은 가르치는 것만이 아니었다. 그것은 하나님과 인간의 관계를 회복하기 위함이었다. 십자가에서 예수는 자신이 오신 목적을 이루셨습니다.

그분은 세상의 죄의 무게를 짊어지셨고 우리가 받아야 할 형벌을 짊어지셨습니다.

2). 그가 찔림은 우리 허물과 죄 때문이다 (이사야 53장 5절)

이사야 53장 5절에 그가 찔림은 우리 허물 때문이오 그가 상함은 우리 죄 때문이라 우리에게 평안을 가져다준 형벌이 그분에게 임하였고 그분의 상처로 말미암아 우리가 치유되었느니라 이 희생은 우리를 구원하기 위해 가장 큰 대가를 기꺼이 치르신 하나님의 사랑의 깊이를 드러냈습니다. 예수님의 부활은 죄와 사망에 대한 최후의 승리였습니다. 고린도전서 15:55에서 바울은 사망아 내 승리가 어디 있느냐 사망아 너의 쏘는 것이 어디 있느냐 그러나 우리 주 예수 그리스도를 통하여 우리에게 승리를 주시는 하나님께 감사드립니다. 이 승리는 우리의 구속을 보장했을 뿐만 아니라 창조 역사에 새로운 장을 열었습니다.

하나님께서는 그리스도를 통해 만물을 회복하기 시작하셨고 구속에 대한 약속을 성취하셨습니다. 그러나 이러한 회복은 개인의 구원에만 국한되지 않습니다. 하나님은 모든 피조물을 새롭게 하기 위해 일하고 계십니다.

3). 하나님의 자녀로 자유와 영광에 들어갈 것이라고 선언한다(로마서 8장 21절)

로마서 8장 21절에서 바울은 피조물이 썩어지며 종 노릇에서 해방되어 하나님의 자녀들의 자유와 영광에 들어갈 것이라고 선언한다. 이 비전은 모든 것이 새로워지고 죄와 그 결과로부터 자유로워지는 미래를 가리킵니다. 우리가 이 마지막 회복을 기다릴 때 하나님께서는 우리를 그분의 구속 계획에 능동적으로 참여하도록 부르십니다. 그분은 어둠으로 가득 찬 세상에서 빛이 되라고 우리를 초대하시며 당신의 사랑을 반영하고 당신의 진리를 선포합니다.

마태복음 5장 14절-16에서 예수께서는 너희는 세상에 비치라 그러니 너희 빛을 사람 앞에 비치게 하여 그들이 너의 착한 행실을 보고 하늘에 계신 너희 아버지께 영광을 돌리게 하라 이 사명은 여러분의 대사로서 우리에게 주어진 특권이자 나 책임입니다. 또한 하나님께서는 우리가 걸어갈 수 있도록 성령님을 주셨습니다. 영은 우리의 보혜사요 안내자요 힘의 근원입니다. 요한복음 14장 26절에서 예수는 오직 아버지께서 내 이름으로 보내실 성령 곧 너희에게 모든 것을 가르치고 내 말한 모든 것을 생각나서 그러하리라고 약속하셨습니다. 성령을 통해 우리는 하나님의 목적에 따라 살 수 있는 능력을 받고 우리를 그리스도의 형상으로 변화시킵니다. 그러나 우리는 이 모든 것에 어떻게 대응해야 합니까?

애초에 계셨던 하나님께서는 우리를 믿음과 순종과 감사의 삶으로 부르십니다. 그분은 우리가 그분의 주권을 신뢰하고 그분의 구속 사업에 참여하면서 그분과 동행하도록 초대하십니다. 에베소서 2장 10절에서 바울은 우리가 하나님의 피조물이라 그리스도 안에서 예수 선한 일을 위하여 지음 받은 자니 이는 하나님이 우리를 위하여 미리 예비하심을 위하여 하신 것이니라 고 상기시킵니다. 우리의 반응은 하나님께 영광을 돌리고 그분의 선하심을 세상에 반영하는 방식으로 사는 것이어야 합니다. 마지막으로, 모든 것을 회복시키시겠다는 하나님의 약속은 우리에게 희망을 주입니다.

4). 우리는 마지막 환상을 볼 수 있다(요한계시록 21장 34절).

요한계시록 21장 34절에서 우리는 마지막 환상을 볼 수 있습니다.

하나님의 장막이 사람들과 함께 있으니 그가 그들과 함께 거하시리라 그들은 그분의 백성이 될 것이다. 하나님께서 친이 그들과 함께 계시고 그들의 하나님이 되실 것입니다. 그분은 여러분의 눈에서 모든 눈물을 닦아 주실 것입니다. 옛 질서가 사라졌기 때문에 더 이상 죽음도 슬픔도 울음도 고통도 없을 것이다. 이 약속은 선한 일을 시작하신 하나님께서 신실하셔서 그 일을 완성하신다는 사실을 상기시켜 줍니다. 무엇보다도 최우선이셨던 하나님께서는 그분의 구속과 회복의 이야기가 우리 눈앞에 펼쳐지고 있음을 알기에 목적과 기대를 가지고 살도록 우리를 초대하십니다. 문제는 우리가 그 목적에 따라 살고 있는가 하는 것입니다. 우리는 세상을 변화시키는 사명에 동참하고 모든 것의 갱신을 희망으로 바라볼 준비가 되었습니까?

5). 하나님은 성부와 성자와 성령의 삼위일체 안에서 교제하신다.

하나님은 그 자체로 완전하셨고 성부와 성자와 성령께서 무한한 사랑과 영광을 나누셨던 삼위일체 안에서 완전한 교재 안에서 사셨습니다. 우주를 창조하려는 당신의 결정 특히 인류를 창조하려는 결정은 필요에 의해 추진된 것이 아니라 사랑에 의해 추진되었습니다. 이 사랑은 하나님 존재의 본질이며 창조는 그 사랑의 표현이다. 그러나 창조는 자유롭지만 죄악에 취약한 인류에게 도전을 가져왔고 구속과 회복의 영원한 계획이 펼쳐지기 시작했다. 하나님께서는 인간을 자신의 형상과 모양대로 창조하심으로써 인류에게 독특한 존엄성을 주셨습니다.

그분께서는 우리에게 피조물을 돌보는 일을 맡기셨고 그분과 친교를 이루며 살도록 우리를 부르셨다. 하지만 그 관계는 아담과 하와가 불순종을 선택했을 때 깨졌습니다. 죄는 인류를 하나님으로부터 분리시켰을 뿐 아니라 세상의 죽음과 부패를 가져왔습니다. 그러나 이러한 암울한 현실 앞에서도 하나님은 당신의 창조물을 외면하지 않으셨습니다. 오히려 그분은 영원 전부터 구상되어 왔던 구속의 계획을 시작하셨습니다. 구속의 이야기는 약속으로 시작됩니다. 창세기 3장 15절에서 하나님은 여자의 시가 뱀의 머리를 상하게 할 것이라고 선언하십니다.

이 첫 번째 메시아에 대한 예언은 악에 대한 그리스도의 마지막 승리를 가리킨다 역사를 통틀어 하나님께서는 성약을 통해 그분의 약속을 계속해서 재확인해 오셨다. 예를 들어 아브라함과 맺은 언약은 그의 시를 통해 모든 민족이 축복을 받을 것이라는 확신을 가져다 주었습니다.

하나님의 구속 계획의 절정은 예수의 오심과 함께 도달했습니다. 골로새서 1장 15절에서 예수님은 보이지 아니하시는 하나님의 형상이요. 모든 창조물보다 먼저 나오신 이로 묘사되어 있습니다.

예수는 생애를 통해 하나님의 성품을 드러내셨으며 긍휼과 공의와 무조건적인 사랑을 보여주셨습니다. 그분은 가르치러 오신 것이 아니라 구원하러 오셨습니다. 그분의 사명은 십자가에서 절정에 이르렀고 그곳에서 그분은 세상의 죄를 짊어지셨습니다. 요한복음 19장 30절에서 예수님의 마지막 말씀은 다 이루었다였습니다. 그때 구속의 계획이 이루어졌습니다. 예수의 부활은 그분의 구속 사업이 효과적이었다는 증거입니다. 그분은 죽음을 이기셨고 인류가 하나님과 화해할 수 있는 길을 열어주셨습니다. 고린도전서 15장 20절에서 바울은 그러나 그리스도께서는 참으로 죽은 자 가운데서 살아나셨으니 그는 잠자는 자들의 첫 열매니라고 선언합니다.

이 부활은 개인의 구원을 보장했을 뿐만 아니라 모든 피조물에게 회복의 약속을 가져왔습니다. 이 복원은 단지 미래를 위한 개념이 아닙니다. 그것은 현재의 대한 실제적인 함의를 가지고 있습니다. 고린도후서 5장 17절에서 바울은 누구든지 그리스도 안에 있으면 새로운 피조물이니라 낡은 것들은 지나갔고 보라 새로운 것들이 나타났도다. 하나님께서는 지금 우리의 삶을 변화시키고 계시며 우리가 그분의 형상을 반영하고 그분의 구속 사역에 참여하도록 빚으십니다. 그분은 우리를 화해의 대리인으로 부르시며 세상에 희망의 메시지를 선포하십니다. 또한 하나님께서는 하나님의 약속을 보증하기 위해 성령을 주셨습니다.

6). 하나님은 성령으로 구속까지 그의 영광을 찬양하게 하신다.

에베소서 1:13~14에 "너희가 믿었을 때에 약속의 성령으로 인치심을 받았으니 이는 하나님의 구속까지 우리 기업의 보증이니 그의 영광을 찬양하게 하느니라" 고 했습니다. 성령은 우리가 하나님의 목적에 따라 살 수 있도록 능력을 주시고 우리 여정의 모든 단계를 인도하십니다. 그러나 하나님의 계획은 우리 개인의 변화를 넘어섭니다. 여기에는 모든 창조의 완전한 회복이 포함됩니다.

로마서 8장 9~21절에서 바울은 피조물이 하나님의 아들들에 나타나기를 기다리느니라 피조물이 무용지물이 되었기 때문에 피조물 자체가 부패의 속박에서 해방되어 하나님의 자녀들의 자유와 영광 안으로 들어가게 될 것이라는 희망에서 영광스러운 미래는 하나님께서 모든 것을 새롭게 하실 하나님의 계획의 절정입니다. 우리는 회복의 마지막 환상을 볼 수 있습니다. 내가 새 하늘과 새 땅을 보니 이제 하나님의 장막은 그분이 사람들과 함께 사실 사람들과 함께 있습니다. 그분은 여러분의 눈에서 모든 눈물을 닦아주실 것입니다. 더 이상 죽음도 슬픔도 울부짖음도 고통도 없을 것입니다. 이 약속은 언젠가 모든 아픔과 괴로움이 사라지고 우리가 하나님과 온전한 교제를 이루며 살게 될 것이라는 희망을 줍니다.

그날을 기다릴 때 우리는 목적과 신앙을 가지고 살도록 부름 받았습니다. 가장 먼저이자 무엇보다도 중요하신 하나님께서는 우리 안에서 우리를 통해 계속 일하시며 앞으로 다가올 일을 위해 우리를 준비시키십니다. 그것은 우리를 구경꾼이 아니라 적극적인 참여자로서 그 역사에 참여하도록 초대합니다. 우리의 반응은 감사와 순종 그리고 그분에 대한 헌신으로 이루어져야 합니다. 애초에 하나님이 누구였고 그분이 우리를 위해 무엇을 하셨는지를 숙고할 때 우리는 그분의 이름을 영화롭게 하는 방식으로 살아야 한다는 도전을 받습니다. 그분은 우리를 창조하셨고 구속하셨으며 우리를 그분의 구속 사업의 일부가 되도록 부르십니다. 이제 남은 질문은 우리가 그분의 부르심에 응답하고 있는가 하는 것입니다.

우리는 그분의 영광을 반영하고 그분의 선하심을 선포하도록 만들어졌다는 인식을 가지고 살고 있습니까? 첫째, 하나님은 영광 안에서 영원하시고 충만하시고 완전하셨습니다. 그 존재는 시간과 공간을 초월하며 그 본질은 사랑 거룩함 주권으로 특징 지어집니다. 그분이 우주와 인류를 창조하기로 결정하셨을 때 그분은 필요에 의해서가 아니라 선택에 의해 그렇게 하셨습니다. 그것은 그분의 영광과 사랑과 친절을 그분의 피조물들과 나누기 위한 의도적인 행위였습니다. 시대가 지나기 전에 시작된 이 이야기는 피조물이 완전히 회복되고 하나님이 모든 것 안에 계시는 영광스러운 미래에서 절정을 이룰 것입니다. 태초부터 하나님은 창조를 통해 그분의 성품을 드러내셨습니다.

7). 하나님은 태초부터 창조로 그분의 성품을 드러 내셨다.

우주는 그 광대함과 복잡성 속에서 창조주의 지혜와 능력을 반영합니다. 그러나 그가 가장 특별한 흔적을 남긴 것은 인간성이었다. 하나님의 형상과 모양대로 창조된 인간은 하나님의 성품을 반영하고 그분과 교제하며 살도록 창조되었습니다. 그러나 이 교제는 죄로 인해 깨졌습니다. 아담과 이브의 불순종은 하나님과 인간 사이의 분리를 가져왔고 세상에 고통과 죽음과 부패를 가져왔다. 하지만 하나님께서는 자신의 창조물을 버리지 않으셨습니다. 오히려 그분은 세상의 기초가 놓이기 전에 구상되었던 구속의 계획을 시작하셨습니다. 이 계획은 아브라함에게 주어진 약속에서부터 메시아의 오심을 선포한 선지자들에 이르기까지 역사를 통해 점진적으로 계시되어 왔습니다.

구속 역사의 모든 단계는 인류를 구원하고 모든 것을 아버지와 화해시키기 위해 세상에 오신 하나님의 아들 예수를 가리킨다 우리는 예수 안에서 하나님의 계획에 충만함을 봅니다. 그분은 말씀이 육신이 되어 우리 가운데 거하시니라 요일십사로 묘사됩니다. 그분의 강생은 겸손과 사랑의 행위였으며 영원하신 하나님께서는 우리 가운데 살기 위해 인류 역사 속으로 들어오셨습니다. 예수는 생애를 통해 하나님의 성품을 드러내셨으며 궁혈과 공희와 거룩함을 나타내셨습니다. 그분은 병든 자를 고치셨고 상처 입은 자를 회복시키셨으며 하나님의 왕국에 대해 가르치셨다. 하지만 예수의 사명은 그분의 지상생애에서 끝나지 않았습니다. 예수님의 십자가 죽음은 구속 계획의 절정이었습니다.

그분은 세상의 죄를 짊어지셨고 우리가 받아야 할 형벌을 짊어지셨습니다. 바울은 하나님이 우리를 위하여 죄 없던 그를 세우셨으니 이는 우리가 그로 하여금 그로 하여금 하나님의 의가 되게 하심이니라고 썼습니다. 십자가 위에서 하나님의 공의와 사랑이 만나 믿는 모든 사람에게 구원을 베풀었습니다. 예수의 부활은 그분의 구속사역이 완성되었다는 확신입니다. 그분은 죽음을 정복하셨고 창조 역사의 새로운 시대를 열었습니다.

바울은 그리스도께서 죽은 자 가운데서 살아나셨으니 잠자는 자들의 첫 열매가 되시니라 죽음이 사람을 통해 온 것처럼 죽은 자의 부활도 사람을 통해 왔습니다.

아담 안에서 모든 사람이 죽은 것 같이 그리스도 안에서 모든 사람이 생명을 얻으리라 이 부활은 단지 미래의 약속이 아닙니다. 그것은 우리의 현재 현실을 변화시킵니다. 오늘날에도 하나님은

우리 안에서 우리를 통해 계속 일하고 계십니다. 그분은 우리에게 성령을 주셔서 그분의 약속에 대한 보증으로 주셨고 우리가 그분의 목적에 따라 살 수 있게 하셨습니다. 바울은 너희가 믿었을 때에 약속의 성령으로 인치심을 받았나니 이는 하나님에 속한 자들이 구속될 때까지 우리의 기업의 보증인이라 곧 썼습니다. 성령은 우리를 인도하시고 강화하시며 우리를 그리스도의 형상으로 변화시키십니다. 하나님의 계획은 개인의 구속에만 국한되지 않습니다.

9. 하나님의 자녀들로 자유와 영광에 들어간다.

여기에는 모든 창조물의 회복이 포함됩니다. 피조물이 썩어짐의 종노릇한 종에서 해방되어 하나님의 자녀들의 자유와 영광에 들어가리라고 했습니다. 이 약속은 모든 아픔과 고난과 불공정이 제거되고 창조물이 새로워질 미래를 가리킵니다.

내가 새 하늘과 새 땅을 보았노라 이제 하나님의 장막은 그분이 사람들과 함께 사실 사람들과 함께 있습니다. 그분은 여러분의 눈에서 모든 눈물을 닦아 주실 것입니다. 옛 질서가 사라졌기 때문에 더 이상 죽음도 슬픔도 울음도 고통도 없을 것이다.

이 약속은 언젠가 우리가 죄와 그 결과가 없는 세상에서 하나님과 온전한 친교를 이루며 살게 될 것이라는 희망을 줍니다. 시대가 지나기 전에 시작된 이 이야기는 사랑 구속 회복에 관한 이야기입니다. 태초에 계셨던 하나님께서는 우리를 그 일에 동참하도록 초대하십니다. 그분은 그분의 영광을 반영하는 방식으로 살고 그분의 선하심을 선포하며 그분의 구속 사업에 참여하도록 우리를 부르십니다.

1). 예수님은 아버지와 아들과 성령의 이름으로 세례를 주라(마태복음 28장 19절)

마태복음 28장 19절-20절에서 예수는 그러므로, 너희는 가서 모든 족속으로 제자를 삼아 아버지와 아들과 성령의 이름으로 세례를 주고 내가 너희에게 분부한 모든 것을 가르쳐 지키게 하라고 명령하십니다. 우리 안에서 착한 일을 시작하신 하나님께서는 믿으시며 그 일을 완성하십니다.

믿음과 소망과 사랑으로 살아가며 그분의 일이 온전히 이루어지는 날을 고대하라고 부르십니다. 이제 남은 질문은 우리가 이 부름에 응답하고 있는가 하는 것입니다. 우리는 우리가 창조되었고 구속되었으며 영원한 무언가에 참여하도록 부름 받았다는 인식을 가지고 살고 있습니까? 애초에 계셨던 하나님도 만물의 끝이 되실 것입니다. 그분은 알파와 오메가 시작과 끝이십니다. 우리가 그 진리에 비추어 살고 우리가 하는 모든 일에서 그분께 영광을 돌리며 그분이 오실 때까지 그분의 영광을 선포할 수 있기를 바랍니다. 하나님은 영원하시며 사랑과 거룩함과 영광이 충만하셨습니다.

2). 하나님께서는 예수그리스도로 부활의 구속역사를 이루셨다.

그분은 존재하기 위해 그 어떤 것도 필요하지 않으셨지만 그분의 선하심을 나누고 무한한 사랑을 나타내기 위해 우주와 인류를 창조하기로 결정하셨습니다. 태초부터 그분의 의도는 우리와 교제하는 것이었지만 죄는 피조물에게 분리와 부패를 가져왔습니다. 그럼에도 불구하고, 하나님께서는 무한한 은혜로 예수 그리스도의 삶과 죽음과 부활로 절정을 이루는 구속 계획을 시작하셨습니다. 이 구속의 이야기는 단지 과거의 이야기가 아니라 현재의 초대입니다. 하나님께서는 우리를 그분의 영광을 반영하고 순종하는 삶을 살며 그분의 회복 사업에 참여하도록 부르십니다.

3). 하나님은 알파와 오메가이시며 희망을 새롭게 하신다.

성령님을 인도자로 주셨고 모든 아픔과 괴로움이 사라지고 창조물이 완전히 새로워지는 미래를 약속하셨습니다. 애초에 계셨던 하나님도 만물의 끝이십니다. 그분은 알파와 오메가이시며 삶을 변화시키고 희망을 새롭게 하시는 분이십니다. 그분이 행하신 일과 앞으로 하실 일을 이해할 때 우리는 우리가 영원한 이야기의 일부임을 알고 신앙과 감사와 헌신으로 대응하라는 권고를 받는다. 우리는 헌신을 재확인하기 위해 이 영원하신 하나님에 대해 이해하시기 바랍니다. 다음은 조직 신학에 관한 연구는 대개 신론으로부터 알아본다.

2부
하나님의 존재

1. 교의학에 있어서 신론의 위치

교의학 혹은 조직 신학에 관한 연구는 대개 신론으로부터 시작한다.

우리가 신학을 만물의 시작이며, 근거이며, 귀착점인 하나님에 관한 체계적인 지식이라는 전체를 계속 밀고 나간다면, 신론으로부터 시작하는 것은 충분한 이유가 있다.

신학 연구를 시작하는데, 두 가지 전제는 (1) 하나님께서 존재하고 계신다는 사실과, (2) 하나님은 자신을 그의 신적인 말씀 속에서 계시하였다는 사실이다. 또한 그 이유에서 우리는 하나님에 관한 연구로부터 시작할 수 있는 것이다.

우리는 하나님께서 자신과, 자신이 그의 피조물들과 맺은 관계에 관하여 계시하셨던 것을 배우기 위하여 하나님의 계시로 돌아갈 수 있다.

삼위 일체론적인 방법을 적용함으로써 이루어졌는데, 교의학의 주제 자료를 (1) 성부, (2) 성자, (3) 성령이라는 세 가지 제목하에서 정돈하였다.

이 방법은 초기의 조직적인 연구에서 적용되었고, 헤겔이 선호하여 다시 사용되었으며, 마르텐센의 <기독교 교의학>에서 여전히 찾아볼 수 있다. 비슷한 시도가 브레큰릿지에 의하여 이루어졌는데, 그때에 그는 교의학에 주제 자료를 (1) 객관적으로 고려되는 하나님에 관한 지식, (2) 주관적으로 고려되는 하나님에 관한 지식으로 구분하였다. 이것들 가운데서 어떠한 것도 그렇게 성공적이었다고는 할 수 없을 것이다.[1]

---

1) 루이스 벌코프,『벌코프 조직신학』 권수경/이상원 역(고양: 크리스챤 다이제스트, 2013), 205~06.

2. 하나님에 관한 인식

    기독교 교회는 하나님께서 이해될 수 없는 분이라는 사실과 함께, 다른 한편으로는 그가 알려질 수 있으며 그에 관한 지식이 구원에 필수 불가결한 조건이라는 사실을 고백한다.

    교회는 소발의 "네가 하나님의 오묘를 어찌 능히 측량하며 전능자를 어찌 능히 온전히 알겠느냐"(욥 11:7)라는 질문의 의미를 잘 이해하고 있다. 또한 "그런즉 너희가 하나님을 누구와 같다 하겠으며 무슨 형상에 비기겠느냐"(사 40:18)라는 질문에 대하여 어떠한 답변도 있을 수 없음을 느끼고 있다.

    그러나 동시에 "영생은 곧 유일하신 참 하나님과 그의 보내신 자 예수 그리스도를 아는 것이니이다"(요 17:3)라고 말씀하시는 예수님의 말씀도 염두에 두고 있다.

    교회는 "또 아는 것은 하나님의 아들이 이르러 우리에게 지각을 주사 우리로 참된 자를 알게 하신 것과 또한 우리가 참된 자 곧 그의 아들 예수 그리스도 안에 있는 것이니 그는 참 하나님이시요 영생이니라" (요일 5:20)라고 하는 말씀을 기뻐하고 있다.

    이 구절들에 반영되고 있는 두 관념은 기독교 교회에서 항상 병행적으로 유지되어 왔다.[2]

---

[2] 루이스 벌코프,『벌코프 조직신학』, 217.

3. 하나님에 관한 계시

하나님은 우선 지식을 인간에게 전달하시는 주체이며, 인간이 계시에 의하여 자기에게 도달된 지식을 획득하고 성찰할 때만 인간을 위한 연구의 대상이 된다.

계시가 없었다면 인간은 결코 하나님에 관한 어떤 지식도 얻을 수 없었을 것이다.

또한 하나님이 자신을 객관적으로 계시하신 후에조차도 하나님을 발견하는 것은 인간의 이성이 아니라, 신앙의 눈앞에 자신을 열어 보이시는 하나님이다.

그러나 하나님의 말씀의 연구에 성화된 인간의 이성이 적용됨으로써 인간은 성령의 인도하에 하나님에 관하여 계속 증가하는 지식을 얻을 수 있다.

바르트는 또한 하나님께서 계시의 행동 속에서 인간에게 오실 때에만 인간이 하나님을 알 수 있다는 사실을 강조한다.

1) 선천적인 하나님 지식과 후천적인 하나님 지식

일반적으로 하나님에 관한 선천적인 지식과 후천적인 지식이 구분된다. 이것은 인간의 모든 지식이 최종적으로는 후천적인 것이기 때문에, 엄격한 논리적인 구별은 아니다.

선천적인 관념에 관한 이론은 신학적이라기보다는 철학적이다. 그 이론의 씨앗들은 이미 플라톤의 이테아론에서 발견되지만, 키케로의 <신의 본성에 관하여>에서는 좀 더 발전된 형태로 나타난다.

현대 철학에서 신 관념을 선천적인 것으로 가르쳤던 맨 처음 사람은 데카르트였다.

그는 그러한 관념이 시초부터 인간의 정신 속에서 내재해 있다는 의미에서가 아니라, 인간의 정신이 성숙하게 되면 그런 관념을 형성하는 자연적인 경향을 가진다는 의미에 있어서만 그것을 선천적인 것으로 여길 필요가 있다고 생각했다.

2) 일반 계시와 특별 계시

성경은 하나님에 관한 이중의 계시에 대하여 증거한다. 그것은 우리를 둘러싸고 있는 자연과 인간 의식, 세상의 섭리적인 통치 속에서의 계시와, 그리고 하나님의 말씀으로서 성경 안에 나타난 지식이다.

다음과 같은 구절 속에서 일반 계시가 증명된다.

"하늘이 하나님의 영광을 선포하고 궁창이 그 손으로 하신 일을 나타내는도다 날은 날에게 말하고 밤은 밤에게 지식을 전하니"(시 19:1, 2).

"그러나 자기를 증거하지 아니하신 것이 아니니 곧 너희에게 하늘로서 비를 내리시며 결실기를 주시는 선한 일을 하사 음식과 기쁨으로 너희 마음에 만족케 하셨느니라"(행 14:17).

"이는 하나님을 알 만한 것이 저희 속에 보임이라 하나님께서 이를 저희에게 보이셨느니라 창세로부터 그의 보이지 아니하는 것들 곧 그의 영원하신 능력과 신성이 그 만드신 만물에 분명히 보여 알게 되나니 그러므로 저희가 핑계치 못할지니라"(롬 1:19, 20).

후자에 관해서는 구약 성경과 신약 성경에서 충분한 증거를 제공한다.[3]

---

3) 루이스 벌코프『벌코프 조직신학』, 224~25.

4. 하나님의 존재

1) 하나님의 존재

하나님의 존재가 어떤 학문적인 정의를 용인하지 않는다는 사실은 매우 자명하다.

하나님을 논리적으로 정의하기 위해서, 우리는 하나님이 다른 개념들과 통합될 수 있는 더 높은 개념을 찾음으로써 시작하고, 그런 다음에 하나님께만 적용될 수 있는 특징들을 지적해야 할 것이다. 그러한 기원적이고 종합적인 정의는 하나님에 대하여 적용될 수 없는데, 그것은 하나님이 단일한 속 아래 포함될 수 있는 신들의 여러 종 가운데 하나가 아니기 때문이다.

기껏해야 분석적이고 묘사적인 정의만이 가능할 뿐이다. 이것은 단순히 인격이나 사물의 특성들을 지적할 뿐이며, 본질적인 존재는 설명하지 못한다. 게다가 그러한 정의조차도 하나님을 철저하게 적극적으로 묘사할 수 없기 때문에 부분적으로만 완성될 수 있다. 하나님의 존재에 관한 정의는 하나님의 모든 알려진 속성들을 열거하는 데 있으며, 이 속성들은 특성상 매우 소극적이다.

성경은 결코 추상적인 하나님 개념을 사용하지 않으며, 언제나 하나님을 그의 피조물들과 다양한 관계-몇 가지의 다른 속성들을 지시하는-를 맺고 있는 살아 계신 하나님으로 묘사한다.

카이퍼의 <교의학>에서, 우리는 지혜로 인격화된 하나님이 잠 8:14에서 그의 본질에 대하여 말하는 것을 듣게 되는데, 거기에서 하나님은 자신의 속성을 화란어로 'wezen'이라고 명명된 히브리 단어인 투시야흐로 말씀하신다.

또한 벧후 1:4에서 성경이 하나님의 본성을 말하는 것으로 지적되어

왔으나, 이것은 우리가 신의 본질의 참여자로 창조되지 않았기 때문에 하나님의 본질적인 존재에 대해서는 전혀 적용될 수 없다.4)

2) 계시된 하나님의 존재

일반적으로 신학에서는, 하나님이 자신을 우리에게 계시하신 그대로의 하나님의 속성을 하나님 자신이라고 언급하고 있다.

스콜라 철학자들은 하나님이 계시고, 또한 모든 것을 가지고 계신다는 사실을 강조했다.

하나님은 생명과 빛과 지혜와 사랑과 의를 가지고 계시며, 성경의 근거 위에서 그는 "생명과 빛과 지혜와 사랑과 의" 이시라고 말할 수 있다.

하나님 안에 속성들의 상호 침투가 있고, 또한 그들이 조화로운 전체를 형성한다는 사실이 언급될 수 있지만, 하나님 안에 있는 모든 구별들을 배제하고, 하나님의 자존이 하나님의 무한성이며, 하나님의 지식이 하나님의 의지이며, 하나님의 사랑이 하나님의 의이며 혹은 그 역이라고 말할 때, 우리는 범신론의 방향으로 나아가게 되는 것이다.5)

---

4) 루이스 벌코프,『벌코프 조직신학』, 231~32.
5) 루이스 벌코프,『벌코프 조직신학』, 235~36.

3부
신의 정의 이해

하나님의 특별한 대행자들: 천사들

1. 선한 천사(Good Angels)

1) 용어

천사를 가리키는 대표적인 히브리어는 말라크이며 이에 상응하는 헬라어는 앙겔로스인데, 각각의 경우에 있어 기본적인 의미는 사자이다.

이 두 용어는 인간과 천사 모두에게 사용되었다.

2) 기원, 특성, 신분

성경은 천사들이 창조되었는지에 대해 분명하게 말하지 않을 뿐 아니라 그들에 대한 이야기는 창조 기사(창 1:1-2절 "1. 태초에 하나님이 천지를 창조하시니라 2. 땅이 혼돈하고 공허하며 흑암이 깊음 위에 있고 하나님의 영은 수면 위에 운행하시니라")에서도 언급되지 않고 있다. 그러나 시편 148:2, 5 "2. 그의 모든 천사여 찬양하며 모든 군대여 그를 찬양할지어다 5. 그것들이 여호와의 이름을 찬양함은 그가 명령하시므로 지음을 받았음이로다"은 그들이 창조되었다는 것을 확실히 암축하고 있다.

"그의 모든 사자여 찬양하며 모든 군대여 찬양할지어다…그것들이 여호와의 이름을 찬양할 것은 저가 명하시매 지음을 받았음이로다."

유대인들과 기독교인들은 천사들이 비물질적인 존재, 즉 영적인 존재라는 것을 오랫동안 믿었고 또 가르쳐 왔다.

이 점에 있어서는 그들의 피조성의 문제에서처럼, 명백한 증거한 많지 않다. 실제로 어떤 이는 비록 천사들이 영들의 종류에 속하는 한 부류이기는 하지만 천사들과 영들은 사도행전 23:8-9 "8. 이는 사두개인은 부활도 없고 천사도 없고 영도 없다 하고 바리새인은 다 있다 함이라 9. 크게 훤화가 일어날쌔 바리새인 편에서 몇 서기관이 일어나 다투어

가로되 우리가 이 사람을 보매 악한 것이 없도다 혹 영이나 혹 천사가 저더러 말하였으면 어찌 하겠느뇨 하여"에서 서로 구별되고 있다고 결론지었다.

3) 천사들의 능력

천사들은 인격적인 존재들로 묘사된다. 그들은 서로에게 영향을 줄 수 있다. 그들은 지성과 의지를 가지고 있다(삼하 14:20 "20. 이는 왕의 종 요압이 이 일의 형편을 변하려 하여 이렇게 함이니이다 내 주 왕의 지혜는 하나님의 사자의 지혜와 같아서 땅에 있는 일을 다 아시나이다 하니라";

계 22:9 "9. 그가 내게 말하기를 나는 너와 네 형제 선지자들과 또 이 두루마리의 말을 지키는 자들과 함께 된 종이니 그리하지 말고 하나님께 경배하라 하더라").

그들은 도덕적인 피조물로 그들 중 얼마는 거룩한 존재(마 25:31 "31. 인자가 자기 영광으로 모든 천사와 함께 올 때에 자기 영광의 보좌에 앉으리니";

막 8:38 "38. 누구든지 이 음란하고 죄 많은 세대에서 나와 내 말을 부끄러워하면 인자도 아버지의 영광으로 거룩한 천사들과 함께 올 때에 그 사람을 부끄러워하리라";

눅 1:26 "26. 여섯째 달에 천사 가브리엘이 하나님의 보내심을 받들어 갈릴리 나사렛이란 동네에 가서";

행 10:22 "22. 저희가 대답하되 백부장 고넬료는 의인이요 하나님을 경외하는 자라 유대 온 족속이 칭찬하더니 저가 거룩한 천사의 지시를 받아 너를 그 집으로 청하여 말을 들으려 하느니라 한 대";

계 14:10 "10. 그도 하나님의 진노의 포도주를 마시리니 그 진노의 잔에 섞인 것이 없이 부은 포도주라 거룩한 천사들 앞과 어린 양 앞에서 불과 유황으로 고난을 받으리니")로 그리고 타락한 다른 천사들은 거짓말하고 죄짓는 존재로 묘사되고 있다(요 8:44 "44. 너희는 너희 아비 마귀에게서 났으니 너희 아비의 욕심을 너희도 행하고자 하느니라 저는 처음부터 살인한 자요 진리가 그 속에 없으므로 진리에 서지 못하고 거짓을 말할 때마다 제 것으로 말하나니 이는 저가 거짓말장이요 거짓의 아비가 되었음이니라";

요일 3:8-10 "8. 죄를 짓는 자는 마귀에게 속하나니 마귀는 처음부터 범죄함이니라 하나님의 아들이 나타나신 것은 마귀의 일을 멸하려 하심이니라

9. 하나님께로서 난 자마다 죄를 짓지 아니하나니 이는 하나님의 씨가 그의 속에 거함이요 저도 범죄치 못하는 것은 하나님께로서 났음이라

10. 이러므로 하나님의 자녀들과 마귀의 자녀들이 나타나나니 무릇 의를 행치 아니하는 자나 또는 그 형제를 사랑치 아니하는 자는 하나님께 속하지 아니하니라").

.마태복음 24:36에서 예수님은 천사들이 초인간적인 지식을 가지고 있다는 사실을 암시하고 있기는 하지만, 동시에 이러한 지식이 한계가 있다는 사실도 분명히 말씀하셨다.

"그러나 그날과 그때는 아무도 모르나니 하늘의 천사들도, 아들도 모르고 오직 아버지만 아시느니라."

천사들이 탁월한 지식을 가지고 있기는 하지만 모든 것을 다 아는 것

은 아닌 것처럼, 그들은 탁월하고 초인간적인 능력을 가지고 있기는 하지만 모든 것을 다 할 수 있는 것은 아니다.

이 탁월한 능력은 하나님께로 말미암은 것이고 천사들은 그 능력을 실행하기 위해 하나님의 은혜로운 뜻에 의존한다.

그들은 하나님께서 허락하시는 범위 안에서만 행할 수 있는 행동의 제약을 받는다.

이러한 제약은 심지어 사탄에게도 적용되는데, 욥을 괴롭게 하는 사탄의 능력이 하나님의 뜻에 의해 제한을 받았다(욥 1:12 "12. 여호와께서 사단에게 이르시되 내가 그의 소유물을 다 네 손에 붙이노라 오직 그의 몸에는 네 손을 대지 말지니라 사단이 곧 여호와 앞에서 물러가니라";

욥 2:6 "6. 여호와께서 사단에게 이르시되 내가 그를 네 손에 붙이노라 오직 그의 생명은 해하지 말찌니라").

하나님의 천사들은 오직 하나님의 명령을 이행하기 위해서 활동한다. 그들이 자신의 뜻을 따라 독립적으로 행동한 예는 전혀 없다.

오직 하나님만이 이적적인 일들을 하신다(시 72:18 "18. 홀로 기사를 행하시는 여호와 하나님 곧 이스라엘의 하나님을 찬송하며"). 피조물로서 천사들은 피조물들이 갖고 있는 모든 한계를 벗어날 수 없다.

4) 천사들의 활동

① 천사들은 계속해서 하나님을 찬양하며 하나님께 영광을 돌린다

(욥 38:7 "7. 그 때에 새벽 별들이 함께 노래하며 하나님의 아들들이 다 기쁘게 소리하였었느니라";

시 103:20 "20. 능력이 있어 여호와의 말씀을 이루며 그 말씀의 소리를 듣는 너희 천사여 여호와를 송축하라";

148:2 "2. 그의 모든 사자여 찬양하며 모든 군대여 찬양할찌어다";

계 5:11-12 "11. 내가 또 보고 들으매 보좌와 생물들과 장로들을 둘러 선 많은 천사의 음성이 있으니 그 수가 만만이요 천천이라
12. 큰 음성으로 가로되 죽임을 당하신 어린 양이 능력과 부와 지혜와 힘과 존귀와 영광과 찬송을 받으시기에 합당하도다 하더라";

계 7:11 "11. 모든 천사가 보좌와 장로들과 네 생물의 주위에 섰다가 보좌 앞에 엎드려 얼굴을 대고 하나님께 경배하여";
계 8:1-4 "1. 일곱째 인을 떼실 때에 하늘이 반시 동안쯤 고요하더니
2. 내가 보매 하나님 앞에 시위한 일곱 천사가 있어 일곱 나팔을 받았더라
3. 또 다른 천사가 와서 제단 곁에 서서 금 향로를 가지고 많은 향을 받았으니 이는 모든 성도의 기도들과 합하여 보좌 앞 금단에 드리고자 함이라
4. 향연이 성도의 기도와 함께 천사의 손으로부터 하나님 앞으로 올라가는지라").

이러한 활동은 대개 하나님의 면전에서 행하여졌고, 적어도 한 번은 이 땅 위에서 행하여졌다.

바로 예수님이 탄생하시던 날 밤 천사들은 "지극히 높은 곳에서는 하나님께 영광이요"(눅 2:13-14 "13. 홀연히 허다한 천군이 그 천사와 함께 있어 하나님을 찬송하여 가로되
14. 지극히 높은 곳에서는 하나님께 영광이요 땅에서는 기뻐하심을 입은 사람들 중에 평화로다 하니라")라고 노래하였던 것이다.

② 천사들은 하나님의 메시지를 인간들에게 계시하고 전달한다. 이러

한 활동이 '천사'라는 단어의 의미와 가장 잘 어울린다.

천사들은 특히 율법의 중개자로서 관련되어 있다(행 7:53 "53. 너희가 천사의 전한 율법을 받고도 지키지 아니하였도다 하느라";

갈 3:19 "19. 그런즉 율법은 무엇이냐 범법함을 인하여 더한 것이라 천사들로 말미암아 중보의 손을 빌어 베푸신 것인데 약속하신 자손이 오시기까지 있을 것이라";

히 2:2 "2. 천사들로 하신 말씀이 견고하게 되어 모든 범죄함과 순종치 아니함이 공변된 보응을 받았거든").

비록 출애굽기 19장에 그들이 언급되고 있지는 않지만 신명기 33:2 "2. 일렀으되 여호와께서 시내에서 오시고 세일산에서 일어나시고 바란산에서 비춰시고 일만 성도 가운데서 강림하셨고 그 오른손에는 불 같은 율법이 있도다"은 "여호와께서…일만 성도 가운데서 강림하셨고"라고 말하고 있다.

이 모호한 구절은 천사들의 중재사역에 대한 암시일 수도 있다. 비록 그들이 새언약과 관련하여 이와 유사한 기능을 행하였다는 언급은 없지만, 신약성경은 자주 그들을 하나님의 메시지를 전달하는 자들로 묘사하고 있다.

가브리엘이 스가랴(눅 1:13-20

"13. 천사가 일러 가로되 사가랴여 무서워 말라 너의 간구함이 들린지라 네 아내 엘리사벳이 네게 아들을 낳아 주리니 그 이름을 요한이라 하라

14. 너도 기뻐하고 즐거워할 것이요 많은 사람도 그의 남을 기뻐하리니

15. 이는 저가 주 앞에 큰 자가 되며 포도주나 소주를 마시지 아니하며 모태로부터 성령의 충만함을 입어

16. 이스라엘 자손을 주 곧 저희 하나님께로 많이 돌아오게 하겠음이

니라

17. 저가 또 엘리야의 심령과 능력으로 주 앞에 앞서 가서 아비의 마음을 자식에게, 거스리는 자를 의인의 슬기에 돌아오게 하고 주를 위하여 세운 백성을 예비하리라

18. 사가랴가 천사에게 이르되 내가 이것을 어떻게 알리요 내가 늙고 아내도 나이 많으니이다

19. 천사가 대답하여 가로되 나는 하나님 앞에 섰는 가브리엘이라 이 좋은 소식을 전하여 네게 말하라고 보내심을 입었노라

20. 보라 이 일의 되는 날까지 네가 벙어리가 되어 능히 말을 못하리니 이는 내 말을 네가 믿지 아니함이어니와 때가 이르면 내 말이 이루리라 하더라")와 마리아 (눅 1:26-38

"26. 여섯째 달에 천사 가브리엘이 하나님의 보내심을 받들어 갈릴리 나사렛이란 동네에 가서

27. 다윗의 자손 요셉이라 하는 사람과 정혼한 처녀에게 이르니 그 처녀의 이름은 마리아라

28. 그에게 들어가 가로되 은혜를 받은 자여 평안할찌어다 주께서 너와 함께하시도다 하니

29. 처녀가 그 말을 듣고 놀라 이런 인사가 어찌함인고 생각하매

30. 천사가 일러 가로되 마리아여 무서워 말라 네가 하나님께 은혜를 얻었느니라

31. 보라 네가 수태하여 아들을 낳으리니 그 이름을 예수라 하라

32. 저가 큰 자가 되고 지극히 높으신 이의 아들이라 일컬을 것이요 주 하나님께서 그 조상 다윗의 위를 저에게 주시리니

33. 영원히 야곱의 집에 왕노릇 하실 것이며 그 나라가 무궁하리라

34. 마리아가 천사에게 말하되 나는 사내를 알지 못하니 어찌 이 일이 있으리이까

35. 천사가 대답하여 가로되 성령이 네게 임하시고 지극히 높으신 이의 능력이 너를 덮으시리니 이러므로 나실바 거룩한 자는 하나님의 아들이라 일컬으리라

36. 보라 네 친족 엘리사벳도 늙어서 아들을 배었느니라 본래 수태하지 못한다 하던 이가 이미 여섯 달이 되었나니

37. 대저 하나님의 모든 말씀은 능치 못하심이 없느니라

38. 마리아가 가로되 주의 계집 종이오니 말씀대로 내게 이루어지이다 하매 천사가 떠나가니라")에게 나타났었다.

또 천사들은 빌립(행 8:26 "26. 주의 사자가 빌립더러 일러 가로되 일어나서 남으로 향하여 예루살렘에서 가사로 내려가는 길까지 가라 하니 그 길은 광야라"), 고넬료(행 10:3-7 "3. 하루는 제 구시쯤 되어 환상 중에 밝히 보매 하나님의 사자가 들어와 가로되 고넬료야 하니

4. 고넬료가 주목하여 보고 두려워 가로되 주여 무슨 일이니이까 천사가 가로되 네 기도와 구제가 하나님 앞에 상달하여 기억하신 바가 되었으니

5. 네가 지금 사람들을 욥바에 보내어 베드로라 하는 시몬을 청하라

6. 저는 피장 시몬의 집에 우거하니 그 집은 해변에 있느니라 하더라

7. 마침 말하던 천사가 떠나매 고넬료가 집안 하인 둘과 종졸 가운데 경건한 사람 하나를 불러"), 베드로(행 11:13 "13. 그가 우리에게 말하기를 천사가 내 집에 서서 말하되 네가 사람을 욥바에 보내어 베드로라 하는 시몬을 청하라";

행 12:7-10 "7. 홀연히 주의 사자가 곁에 서매 옥중에 광채가 조요하며 또 베드로의 옆구리를 쳐 깨워 가로되 급히 일어나라 하니 쇠사슬이 그 손에서 벗어지더라

8. 천사가 가로되 띠를 띠고 신을 들메라 하거늘 베드로가 그대로 하니 천사가 또 가로되 겉옷을 입고 따라 오라 한 대

9. 베드로가 나와서 따라갈쌔 천사의 하는 것이 참인줄 알지 못하고 환상을 보는가 하니라

10. 이에 첫째와 둘째 파수를 지나 성으로 통한 쇠문에 이르니 문이 절로 열리는지라 나와 한 거리를 지나매 천사가 곧 떠나더라") 그리고 바울

(행 27:23 "23. 나의 속한바 곧 나의 섬기는 하나님의 사자가 어제 밤에 내 곁에 서서 말하되")에게도 나타나 말하였다.

③ 천사들은 신자들을 섬긴다. 이는 신자들을 위험으로부터 보호해 주는 것도 포함한다.

초대교회 시대에 사도들(행 5:19 "19. 주의 사자가 밤에 옥문을 열고 끌어내어 가로되")과 후에 베드로(행 12:6-10

"6. 헤롯이 잡아 내려고 하는 그 전날 밤에 베드로가 두 군사 틈에서 두 쇠사슬에 매여 누워 자는데 파숫군들이 문 밖에서 옥을 지키더니

7. 홀연히 주의 사자가 곁에 서매 옥중에 광채가 조요하며 또 베드로의 옆구리를 쳐 깨워 가로되 급히 일어나라 하니 쇠사슬이 그 손에서 벗어지더라

8. 천사가 가로되 띠를 띠고 신을 들메라 하거늘 베드로가 그대로 하니 천사가 또 가로되 겉옷을 입고 따라 오라 한 대

9. 베드로가 나와서 따라갈쌔 천사의 하는 것이 참인줄 알지 못하고 환상을 보는가 하니라

10. 이에 첫째와 둘째 파수를 지나 성으로 통한 쇠문에 이르니 문이 절로 열리는지라 나와 한 거리를 지나매 천사가 곧 떠나더라")를 옥에서 구하여 준 것은 천사들이었다. 시편 기자는 천사들의 보호를 경험했다 (시 34:7 "7. 여호와의 사자가 주를 경외하는 자를 둘러 진 치고 저희를 건지시는도다";

시 91:11 "11. 저가 너를 위하여 그 사자들을 명하사 네 모든 길에 너를 지키게 하심이라"). 그러나 그들의 주요 사역은 영적인 필요를 채워 주는 것이었다.

천사들은 신자들의 영적인 생활에 많은 관심을 갖고 있으므로, 그들의 회심을 기뻐하며(눅 15:10 "10. 내가 너희에게 이르노니 이와 같이 죄인 하나가 회개하면 하나님의 사자들 앞에 기쁨이 되느니라") 그들의 필요를 따라 그들을 섬긴다(히 1:14 "14모든 천사들은 부리는 영으로서 구원 얻을 후사들을 위하여 섬기라고 보내심이 아니뇨").

천사들은 우리의 삶을 지켜보며(고전 4:9 "9. 내가 생각건대 하나님이 사도인 우리를 죽이기로 작정한 자 같이 미말에 두셨으매 우리는 세계 곧 천사와 사람에게 구경거리가 되었노라";

딤전 5:21 "21. 하나님과 그리스도 예수와 택하심을 받은 천사들 앞에서 내가 엄히 명하노니 너는 편견이 없이 이것들을 지켜 아무 일도 편벽되이 하지 말며") 교회 안에 임재한다(고전 11:10 "10. 이러므로 여자는 천사들을 인하여 권세 아래 있는 표를 그 머리 위에 둘째니라").

그리고 신자가 죽을 때 그들은 신자를 축복의 나라로 데려간다(눅 16:22 "22. 이에 그 거지가 죽어 천사들에게 받들려 아브라함의 품에 들어가고 부자도 죽어 장사되매").

④ 천사들은 하나님의 대적들을 심판한다. 여호와의 천사(사자)가 십팔만 오천 명의 앗수르 사람들을 죽였으며(왕하 19:35 "35. 이 밤에 여호와의 사자가 나와서 앗수르 진에서 군사 십 팔만 오천을 친지라 아침에 일찌기 일어나 보니 다 송장이 되었더라"), 여호와께서 예루살렘에서 그의 손을 거두라 말씀하실 때까지 이스라엘 백성들을 죽였다(삼하 24:16 "16. 천사가 예루살렘을 향하여 그 손을 들어 멸하려 하더니 여호와께서 이 재앙 내림을 뉘우치사 백성을 멸하는 천사에게 이르시되 족하

다 이제는 네 손을 거두라 하시니 때에 여호와의 사자가 여부스 사람 아라우나의 타작마당 곁에 있는지라"). 헤롯을 죽인 자도 여호와의 천사였다 (행 12:23 "23. 헤롯이 영광을 하나님께로 돌리지 아니하는고로 주의 사자가 곧 치니 충이 먹어 죽으니라").

요한계시록은 천사들에 의해 집행되는 심판에 관한 예언들로 가득 차 있다(계 8:6, 9:21 "6. 일곱 나팔 가진 일곱 천사가 나팔 불기를 예비하더라 21. 또 그 살인과 복술과 음행과 도적질을 회개치 아니하더라";

계 16:1-17
"1. 또 내가 들으니 성전에서 큰 음성이 나서 일곱 천사에게 말하되 너희는 가서 하나님의 진노의 일곱 대접을 땅에 쏟으라 하더라

2. 첫째가 가서 그 대접을 땅에 쏟으매 악하고 독한 헌데가 짐승의 표를 받은 사람들과 그 우상에게 경배하는 자들에게 나더라

3. 둘째가 그 대접을 바다에 쏟으매 바다가 곧 죽은 자의 피 같이 되니 바다 가운데 모든 생물이 죽더라

4. 세째가 그 대접을 강과 물 근원에 쏟으매 피가 되더라

5. 내가 들으니 물을 차지한 천사가 가로되 전에도 계셨고 시방도 계신 거룩하신 이여 이렇게 심판하시니 의로우시도다

6. 저희가 성도들과 선지자들의 피를 흘렸으므로 저희로 피를 마시게 하신 것이 합당하니이다 하더라

7. 또 내가 들으니 제단이 말하기를 그러하다 주 하나님 곧 전능하신 이시여 심판하시는 것이 참되시고 의로우시도다 하더라

8. 네째가 그 대접을 해에 쏟으매 해가 권세를 받아 불로 사람들을 태우니

9. 사람들이 크게 태움에 태워진지라 이 재앙들을 행하는 권세를 가지신 하나님의 이름을 훼방하며 또 회개하여 영광을 주께 돌리지 아니하더라

10. 또 다섯째가 그 대접을 짐승의 보좌에 쏟으니 그 나라가 곧 어두워지며 사람들이 아파서 자기 혀를 깨물고

11. 아픈 것과 종기로 인하여 하늘의 하나님을 훼방하고 저희 행위를 회개치 아니하더라 12. 또 여섯째가 그 대접을 큰 강 유브라데에 쏟으매 강물이 말라서 동방에서 오는 왕들의 길이 예비되더라

13. 또 내가 보매 개구리 같은 세 더러운 영이 용의 입과 짐승의 입과 거짓 선지자의 입에서 나오니

14. 저희는 귀신의 영이라 이적을 행하여 온 천하 임금들에게 가서 하나님 곧 전능하신이의 큰 날에 전쟁을 위하여 그들을 모으더라

15. 보라 내가 도적 같이 오리니 누구든지 깨어 자기 옷을 지켜 벌거벗고 다니지 아니하며 자기의 부끄러움을 보이지 아니하는 자가 복이 있도다

16. 세 영이 히브리 음으로 아마겟돈이라 하는 곳으로 왕들을 모으더라

17. 일곱째가 그 대접을 공기 가운데 쏟으매 큰 음성이 성전에서 보좌로부터 나서 가로되 되었다 하니"；

19:11-14

"11. 또 내가 하늘이 열린 것을 보니 보라 백마와 탄 자가 있으니 그 이름은 충신과 진실이라 그가 공의로 심판하며 싸우더라

12. 그 눈이 불꽃 같고 그 머리에 많은 면류관이 있고 또 이름 쓴 것이 하나가 있으니 자기 밖에 아는 자가 없고

13. 또 그가 피 뿌린 옷을 입었는데 그 이름은 하나님의 말씀이라 칭하더라

14. 하늘에 있는 군대들이 희고 깨끗한 세마포를 입고 백마를 타고 그를 따르더라").

⑤ 천사들은 재림에도 관여할 것이다.

그들은 예수님 생애에 있었던 다른 중요한 사건들, 예를 들면 예수님의 탄생과 광야 시험 그리고 부활 등에서 함께 하셨던 것처럼 주께서 재림하실 때도 주님과 함께할 것이다(마 25:31 "31. 인자가 자기 영광으로 모든 천사와 함께 올때에 자기 영광의 보좌에 앉으리니").

그들은 알곡과 가라지를 가려낼 것이다(마 13:39-42 "39. 가라지를 심은 원수는 마귀요 추수때는 세상 끝이요 추숫군은 천사들이니

40. 그런즉 가라지를 거두어 불에 사르는것 같이 세상끝에도 그러하리라

41. 인자가 그 천사들을 보내리니 저희가 그 나라에서 모든 넘어지게 하는 것과 또 불법을 행하는 자들을 거두어 내어

42. 풀무 불에 던져 넣으리니 거기서 울며 이를 갊이 있으리라"). 그리스도는 사방에서 택한 자들을 모으기 위해 큰 나팔 소리와 함께 그의 천사들을 보낼 것이다

(마 24:31 "31. 저가 큰 나팔소리와 함께 천사들을 보내리니 저희가 그 택하신 자들을 하늘 이 끝에서 저 끝까지 사방에서 모으리라";

살전 4:16-17 "16. 내가 처음 변명할 때에 나와 함께한 자가 하나도 없고 다 나를 버렸으나 저희에게 허물을 돌리지 않기를 원하노라

17. 주께서 내 곁에 서서 나를 강건케 하심은 나로 말미암아 전도의 말씀이 온전히 전파되어 이방인으로 듣게 하려 하심이니 내가 사자의 입에서 건지웠느니라").

수호 천사들의 개념, 즉 모든 사람 혹은 적어도 모든 신자들에게는 이 땅에서 그들을 보호하고 그들과 함께할 임무를 부여받은 특별한 천사가 있다는 사상은 무엇인가?

이러한 사상은 예수님 당시에 유대인들 사이에서 보편화된 신앙의 일부였는데 그것이 기독교 사상에까지 전달된 것이다. 이러한 보호 천사에

대한 증거 구절로 두 본문이 인용된다.

예수님은 한 어린아이를 부르셔서 그들 제자들 가운데 두시고는 "삼가 이 소자 중에 하나도 업신여기지 말라 너희에게 말하노니 저희 천사들이 하늘에서 하늘에 계신 내 아버지의 얼굴을 항상 뵈옵느니라"(마 18:10)고 말씀하셨다.

로데라는 계집아이가 집 안에 있는 사람들에게 베드로가 문 앞에 있다고 하자, 그들은 그가 "그의 천사"(행 12:15 "15. 저희가 말하되 네가 미쳤다 하나 계집 아이는 힘써 말하되 참말이라 하니 저희가 말하되 그러면 그의 천사라 하더라")라고 말하였다. 이 구절들은 천사들이 각 사람들에게 특별히 할당되어 있다는 사실을 말해 주는 듯하다.

그러나 우리는 또한 성경의 다른 곳에서는 단 한명의 천사가 아니라 많은 천사들이 신자들과 함께하며 그들을 보호하고 그들의 필요를 채워 준다는 것을 이야기하고 있다는 사실을 주목해야 한다. 엘리사는 많은 불말과 불병거들에 둘러싸여 있었다(왕하 6:17 "17. 기도하여 가로되 여호와여 원컨대 저의 눈을 열어서 보게 하옵소서 하니 여호와께서 그 사환의 눈을 여시매 저가 보니 불말과 불병거가 산에 가득하여 엘리사를 둘렀더라").

예수님은 열두 영이나 되는 천사들을 부르실 수도 있었다. 여러 천사들이 거지 나사로의 영혼을 아브라함의 품으로 데려갔다(눅 16:22 "22. 이에 그 거지가 죽어 천사들에게 받들려 아브라함의 품에 들어가고 부자도 죽어 장사되매"). 더욱이 소자들의 천사들에 대한 예수님의 언급은 천사들이 하나님 아버지 앞에 있다는 것을 구체적으로 이야기해 준다.

이것은 그들이 이 세상에서 인간을 돌보는 천사들이라기보다는 하나님의 존전에서 경배드리는 천사들이라는 것을 암시한다.

로데의 말에 대한 사람들의 반응은 수호천사들은 그들이 보호하는 사람들을 닮았다는 유대 전통을 반영하고 있다. 그러나 어떤 제자들이 수호천사를 믿었다는 사실을 지적하는 보고가 그 신앙에 권위를 부여해 주지는 않는다.

어떤 기독교인들은 여전히 여러 가지 주제들에 대해 잘못된 또는 혼동된 견해를 갖고 있다.

분명하게 가르칠 수 있는 자료가 없기 때문에 우리는 수호 천사들의 개념에 대해서는 충분한 증거가 없다고 결론내려야 한다.

2. 타락한 천사인 악한 천사(Evil Angels)

1) 마귀들의 기원

성경은 어떻게 악한 천사들이 현재와 같은 도덕적 특성을 갖게 되었는지에 대해 거의 말하고 있지 않으며 그들의 기원에 대해서는 더더욱 그렇다.

그들의 도덕적 특성을 살펴봄으로써, 우리는 그들의 기원에 대한 실마리를 끄집어 낼 수 있을지도 모른다. 우리들에게 악한 천사의 타락에 대해 알려주는 서로 긴밀하게 연결되어 있는 두 본문이 있다.

베드로후서 2:4은 "하나님이 범죄한 천사들을 용서치 아니하시고 지옥에 던져 어두운 구덩이에 두어 심판 때까지 지키게 하셨으며"라고 말하고 있고, 유다서 6절은 "또 자기 지위를 지키지 아니하고 자기 처소를 떠난 천사들을 큰 날의 심판까지 영원한 결박으로 흑암에 가두셨으며"라고 기록하고 있다.

이 두 구절에서 이야기하고 있는 존재들은 분명히 범죄하여 심판 아래 놓이게 된 천사들과 동일시 되고 있다.

그러므로 그들도 다른 모든 천사들과 같이 창조된 존재들임에 틀림없다.

이 구절들을 통해 우리가 접하게 되는 한 가지 문제점은 악한 천사들이 심판 때까지 흑암에 던져져 있을 것이라는 사실이다. 이러한 내용은 어떤 이들로 하여금 타락한 천사들은 두 종류가 있는데, 한 부류는 옥에 갇힌 천사들이고 다른 한 부류는 이 세상에 그들의 악을 자유롭게 가져올 수 있는 천사들이라는 이론을 낳게 하였다.

또 다른 가능한 해석은 이 두 구절이 설명하고 있는 것이 모든 마귀들의 상태라는 것이다.

후자가 옳다는 것을 우리는 베드로후서 2장의 나머지 부분들을 통해 짐작할 수 있다. 9절에서 베드로는 "주께서 경건한 자는 시험에서 건지시고 불의한 자는 형벌 아래 두어 심판 날까지 지키시며"라고 말하고 있다.

여기서 사용된 용어들은 4절에서 사용된 용어들과 거의 동일하다.

이 장의 나머지 부분들(10-22절)이 형벌 아래 있는 이러한 사람들의 계속되는 죄악된 행동들을 묘사하고 있음을 주목하라. 이와 같이 비록 타락한 천사들이 흑암에 던져지기는 했지만, 그들은 그들의 악한 행위를 계속할 수 있는 충분한 자유를 가지고 있다는 결론을 우리는 내리게 된다.

그러므로 마귀들은 하나님께서 창조하신 천사들이었으며 따라서 원래는 선한 존재였으나 죄를 지음으로 악하게 된 것이다. 우리는 언제 이러한 반역행위가 일어났는지 정확히 알지는 못하지만, 그것은 하나님께서 모든 창조를 마치시고 "심히 좋았더라"고 선언하신 때와 인간이 유혹을 받아 타락하게 된 사건(창 3장) 사이에 일어났음에 틀림없다.

창 3장

1. 그런데 뱀은 여호와 하나님이 지으신 들짐승 중에 가장 간교하니라 뱀이 여자에게 물어 이르되 하나님이 참으로 너희에게 동산 모든 나무의

열매를 먹지 말라 하시더냐

2. 여자가 뱀에게 말하되 동산 나무의 열매를 우리가 먹을 수 있으나

3. 동산 중앙에 있는 나무의 열매는 하나님의 말씀에 너희는 먹지도 말고 만지지도 말라 너희가 죽을까 하노라 하셨느니라

4. 뱀이 여자에게 이르되 너희가 결코 죽지 아니하리라

5. 너희가 그것을 먹는 날에는 너희 눈이 밝아져 하나님과 같이 되어 선악을 알 줄 하나님이 아심이니라

6. 여자가 그 나무를 본즉 먹음직도 하고 보암직도 하고 지혜롭게 할 만큼 탐스럽기도 한 나무인지라 여자가 그 열매를 따먹고 자기와 함께 있는 남편에게도 주매 그도 먹은지라

7. 이에 그들의 눈이 밝아져 자기들이 벗은 줄을 알고 무화과나무 잎을 엮어 치마로 삼았더라

8. 그들이 그 날 바람이 불 때 동산에 거니시는 여호와 하나님의 소리를 듣고 아담과 그의 아내가 여호와 하나님의 낯을 피하여 동산 나무 사이에 숨은지라

9. 여호와 하나님이 아담을 부르시며 그에게 이르시되 네가 어디 있느냐

10. 이르되 내가 동산에서 하나님의 소리를 듣고 내가 벗었으므로 두려워하여 숨었나이다

11. 이르시되 누가 너의 벗었음을 네게 알렸느냐 내가 네게 먹지 말라 명한 그 나무 열매를 네가 먹었느냐

12. 아담이 이르되 하나님이 주셔서 나와 함께 있게 하신 여자 그가 그 나무 열매를 내게 주므로 내가 먹었나이다

13. 여호와 하나님이 여자에게 이르시되 네가 어찌하여 이렇게 하였느냐 여자가 이르되 뱀이 나를 꾀므로 내가 먹었나이다

14. 여호와 하나님이 뱀에게 이르시되 네가 이렇게 하였으니 네가 모든 가축과 들의 모든 짐승보다 더욱 저주를 받아 배로 다니고 살아 있는

동안 흙을 먹을지니라

15. 내가 너로 여자와 원수가 되게 하고 네 후손도 여자의 후손과 원수가 되게 하리니 여자의 후손은 네 머리를 상하게 할 것이요 너는 그의 발꿈치를 상하게 할 것이니라 하시고

16. 또 여자에게 이르시되 내가 네게 임신하는 고통을 크게 더하리니 네가 수고하고 자식을 낳을 것이며 너는 남편을 원하고 남편은 너를 다스릴 것이니라 하시고

17. 아담에게 이르시되 네가 네 아내의 말을 듣고 내가 네게 먹지 말라 한 나무의 열매를 먹었은즉 땅은 너로 말미암아 저주를 받고 너는 네 평생에 수고하여야 그 소산을 먹으리라

18. 땅이 네게 가시덤불과 엉겅퀴를 낼 것이라 네가 먹을 것은 밭의 채소인즉

19. 네가 흙으로 돌아갈 때까지 얼굴에 땀을 흘려야 먹을 것을 먹으리니 네가 그것에서 취함을 입었음이라 너는 흙이니 흙으로 돌아갈 것이니라 하시니라

20. 아담이 그의 아내의 이름을 하와라 불렀으니 그는 모든 산 자의 어머니가 됨이더라

21. 여호와 하나님이 아담과 그의 아내를 위하여 가죽옷을 지어 입히시니라

22. 여호와 하나님이 이르시되 보라 이 사람이 선악을 아는 일에 우리 중 하나 같이 되었으니

23. 그가 그의 손을 들어 생명 나무 열매도 따먹고 영생할까 하노라 하시고

24. 여호와 하나님이 에덴 동산에서 그를 내보내어 그의 근원이 된 땅을 갈게 하시니라

25. 이같이 하나님이 그 사람을 쫓아내시고 에덴 동산 동쪽에 그룹들

과 두루 도는 불 칼을 두어 생명 나무의 길을 지키게 하시니라

2) 마귀들의 우두머리

마귀라는 명칭은 성경에서 타락한 천사들의 우두머리에게 붙여진 이름이다. 그는 또한 사탄으로도 알려져 있는데, 사탄이라는 말은 대적자 또는 대적자로 행동한다는 의미를 가지고 있다.

이에 해당하는 가장 일반적인 헬라어는 디아볼로스(마귀, 대적자, 고발자)이고 자주 사용되지는 않지만 그에 대한 또 다른 용어로는 시험하는 자(마 4:3 "3. 시험하는 자가 예수께 나아와서 가로되 네가 만일 하나님의 아들이어든 명하여 이 돌들이 떡덩이가 되게 하라";

살전 3:5 "5. 경건의 모양은 있으나 경건의 능력은 부인하는 자니 이같은 자들에게서 네가 돌아서라"), 바알세불(마 12:24, 27 "24. 바리새인들은 듣고 가로되 이가 귀신의 왕 바알세불을 힘입지 않고는 귀신을 쫓아내지 못하느니라 하거늘 27. 또 내가 바알세불을 힘입어 귀신을 쫓아내면 너희 아들들은 누구를 힘입어 쫓아내느냐 그러므로 저희가 너희 재판관이 되리라";

막 3:22 "22. 예루살렘에서 내려온 서기관들은 저가 바알세불을 지폈다 하며 또 귀신의 왕을 힘입어 귀신을 쫓아낸다 하니";

눅 11:15, 19 "15. 그 중에 더러는 말하기를 저가 귀신의 왕 바알세불을 힘입어 귀신을 쫓아낸다 하고 19. 내가 바알세불을 힘입어 귀신을 쫓아내면 너희 아들들은 누구를 힘입어 쫓아내느냐 그러므로 저희가 너희 재판관이 되리라"), 원수(마 13:39 "39. 가라지를 심은 원수는 마귀요 추수때는 세상 끝이요 추숫군은 천사들이니"), 악한 자(마 13:19, 38 "19. 아무나 천국 말씀을 듣고 깨닫지 못할 때는 악한 자가 와서 그 마음에 뿌리운 것을 빼앗나니 이는 곧 길 가에 뿌리운 자요 38. 밭은 세상이

요 좋은 씨는 천국의 아들들이요 가라지는 악한 자의 아들들이요";

요일 2:13 "13. 아비들아 내가 너희에게 쓰는 것은 너희가 태초부터 계신 이를 앎이요 청년들아 내가 너희에게 쓰는 것은 너희가 악한 자를 이기었음이니라";

요일 3:12 "12. 가인 같이 하지 말라 저는 악한 자에게 속하여 그 아우를 죽였으니 어찐 연고로 죽였느뇨 자기의 행위는 악하고 그 아우의 행위는 의로움이니라";

요일 5:18 "18. 하나님께로서 난 자마다 범죄치 아니하는 줄을 우리가 아노라 하나님께로서 나신 자가 저를 지키시매 악한 자가 저를 만지지도 못하느니라"), 벨리알(고후 6:15 "15. 그리스도와 벨리알이 어찌 조화되며 믿는 자와 믿지 않는 자가 어찌 상관하며"), 속이는 자(계 12:9 "9. 큰 용이 내어 쫓기니 옛 뱀 곧 마귀라고도 하고 사단이라고도 하는 온 천하를 꾀는 자라 땅으로 내어 쫓기니 그의 사자들도 저와 함께 내어 쫓기니라"), 큰 용(계 12:3 "3. 하늘에 또 다른 이적이 보이니 보라 한 큰 붉은 용이 있어 머리가 일곱이요 뿔이 열이라 그 여러 머리에 일곱 면류관이 있는데"), 거짓의 아비(요 8:44 "44. 너희는 너희 아비 마귀에게서 났으니 너희 아비의 욕심을 너희도 행하고자 하느니라 저는 처음부터 살인한 자요 진리가 그 속에 없으므로 진리에 서지 못하고 거짓을 말할 때마다 제 것으로 말하나니 이는 저가 거짓말장이요 거짓의 아비가 되었음이니라"), 살인한 자(요 8:44 "44. 너희는 너희 아비 마귀에게서 났으니 너희 아비의 욕심을 너희도 행하고자 하느니라 저는 처음부터 살인한 자요 진리가 그 속에 없으므로 진리에 서지 못하고 거짓을 말할 때마다 제 것으로 말하나니 이는 저가 거짓말장이요 거짓의 아비가 되었음이니라"), 죄를 짓는 자(요일 3:8 "8. 죄를 짓는 자는 마귀에게 속하나니 마귀는 처음부터 범죄함이니라 하나님의 아들이 나타나신 것은 마귀의 일을 멸하려 하심이니라") 등이 있다.

이 모든 용어들은 마귀의 특성이나 활동의 일면을 보여 준다.

마귀는 그 이름이 말해 주듯이 하나님과 그리스도의 사역을 반대하는 일을 한다. 그는 특히 사람을 유혹함으로써 이 일을 한다.

이러한 사실은 예수님의 광야 시험과 가라지 비유(마13:24-30 "24. 예수께서 그들 앞에 또 비유를 베풀어 가라사대 천국은 좋은 씨를 제 밭에 뿌린 사람과 같으니

25. 사람들이 잘 때에 그 원수가 와서 곡식 가운데 가라지를 덧뿌리고 갔더니

26. 싹이 나고 결실할 때에 가라지도 보이거늘

27. 집 주인의 종들이 와서 말하되 주여 밭에 좋은 씨를 심지 아니하였나이까 그러면 가라지가 어디서 생겼나이까

28. 주인이 가로되 원수가 이렇게 하였구나 종들이 말하되 그러면 우리가 가서 이것을 뽑기를 원하시나이까

29. 주인이 가로되 가만 두어라 가라지를 뽑다가 곡식까지 뽑을까 염려하노라

30. 둘 다 추수 때까지 함께 자라게 두어라 추수 때에 내가 추숫군들에게 말하기를 가라지는 먼저 거두어 불사르게 단으로 묶고 곡식은 모아 내 곳간에 넣으라 하리라") 그리고 유다의 죄(눅 22:3 "3. 열 둘 중에 하나인 가룟인이라 부르는 유다에게 사단이 들어가니")에서 볼 수 있다.

사탄이 사용하는 주요 방법 가운데 하나는 속이는 것이다. 바울은 고린도후서 11:14-15 "14. 이것이 이상한 일이 아니라 사단도 자기를 광명의 천사로 가장하나니

15. 그러므로 사단의 일군들도 자기를 의의 일군으로 가장하는 것이 또한 큰 일이 아니라 저희의 결국은 그 행위대로 되리라"에서 사탄이 자신을 광명의 천사로 가장하며, 그의 일꾼들도 의의 일꾼으로 가장한다고 말하였다.

그가 속임수를 쓴다는 것이 요한계시록 12:9 "9. 큰 용이 내어 쫓기니 옛 뱀 곧 마귀라고도 하고 사단이라고도 하는 온 천하를 꾀는 자라 땅으로 내어 쫓기니 그의 사자들도 저와 함께 내어 쫓기니라"과 20:8 "8. 나와서 땅의 사방 백성 곧 곡과 마곡을 미혹하고 모아 싸움을 붙이리니 그 수가 바다 모래 같으리라", 20:10 "10. 또 저희를 미혹하는 마귀가 불과 유황 못에 던지우니 거기는 그 짐승과 거짓 선지자도 있어 세세토록 밤낮 괴로움을 받으리"에서도 언급되고 있다. 그는 "믿지 아니하는 자들의 마음을 혼미케하여 그리스도의 영광의 복음의 광채가 비취지 못하게"(고후 4:4 "4. 그 중에 이 세상 신이 믿지 아니하는 자들의 마음을 혼미케 하여 그리스도의 영광의 복음의 광채가 비취지 못하게 함이니 그리스도는 하나님의 형상이니라") 하였다.

그는 신자들의 봉사를 반대하고 방해하며(살전 2:18 "18. 진리에 관하여는 저희가 그릇되었도다 부활이 이미 지나갔다 하므로 어떤 사람들의 믿음을 무너뜨리느니라"), 그러한 목적을 이루기 위해 심지어 육체의 질병을 사용하기도 한다(고후 12:7 "7. 여러 계시를 받은 것이 지극히 크므로 너무 자고하지 않게 하시려고 내 육체에 가시 곧 사단의 사자를 주셨으니 이는 나를 쳐서 너무 자고하지 않게 하려 하심이니라" 참조).

그러나 사탄의 능력에는 한계가 있다. 우리가 이미 앞에서 살펴보았듯이, 사탄은 하나님께서 분명하게 허락하신 것 외에는 욥에게 아무 일도 할 수 없었다.

인간은 사탄을 충분히 물리칠 수 있으며 사탄은 도망갈 것이다(약 4:7 "7. 그런즉 너희는 하나님께 순복할찌어다 마귀를 대적하라 그리하면 너희를 피하리라" ; 또 엡 4:27 "27. 마귀로 틈을 타지 못하게 하라"). 그러나 우리 자신의 힘으로는 그를 물리칠 수 없고 오직 성령의 능력으로만 그를 물리칠 수 있다(롬 8:26 "26. 이와 같이 성령도 우리 연약함을 도우시나니 우리가 마땅히 빌바를 알지 못하나 오직 성령이 말할 수 없는 탄식으로 우리를 위하여 친히 간구하시느니라"; 고전 3:16 "16. 너희가 하나님의 성전인 것과 하나님의 성령이 너희 안에 거하시는 것을 알지 못하느뇨").

3) 마귀들의 활동

사탄의 부하인 마귀들은 이 세상에서 사탄의 일들을 수행한다. 그러므로 그들은 사탄이 사용하는 모든 형태의 유혹과 속임수를 사용한다고 볼 수 있다.

그들은 온갖 종류의 질병이 생기게 한다. 즉, 벙어리(막 9:17 "17. 무리 중에 하나가 대답하되 선생님 벙어리 귀신 들린 내 아들을 선생님께 데려 왔나이다")가 되게 하고, 귀머거리와 벙어리(막 9:25 "25. 예수께서 무리의 달려 모이는 것을 보시고 그 더러운 귀신을 꾸짖어 가라사대 벙어리 되고 귀먹은 귀신아 내가 네게 명하노니 그 아이에게서 나오고 다시 들어가지 말라 하시매")가 되게 하며, 눈멀고 귀먹게(마 12:22 "22. 그 때에 귀신들려 눈 멀고 벙어리 된 자를 데리고 왔거늘 예수께서 고쳐 주시매 그 벙어리가 말하며 보게 된지라") 하며, 경련(막 1:26 26. 더러운 귀신이 그 사람으로 경련을 일으키게 하고 큰 소리를 지르며 나오는지라;

마 9:20 20. 이에 데리고 오니 귀신이 예수를 보고 곧 그 아이로 심히 경련을 일으키게 하는지라 저가 땅에 엎드러져 굴며 거품을 흘리더라;

눅 9:39 "39. 귀신이 저를 잡아 졸지에 부르짖게 하고 경련을 일으켜 거품을 흘리게 하며 심히 상하게 하고야 겨우 떠나 가나이다")을 일으키고, 중풍병자와 앉은뱅이(행 8:7 "7. 많은 사람에게 붙었던 더러운 귀신들이 크게 소리를 지르며 나가고 또 많은 중풍병자와 앉은뱅이가 나으니")가 되게 한다. 그리고 무엇보다도 그들이 가장 반대하는 것은 하나님의 백성들의 영적인 성장이다(엡 6:12 "12. 우리의 씨름은 혈과 육에 대한 것이 아니요 정사와 권세와 이 어두움의 세상 주관자들과 하늘에 있는 악의 영들에게 대함이라").

4) 마귀들림

성경에 나오는 이야기 가운데 우리의 특별한 관심을 끄는 것은 마귀 들린 사건들이다. 이에 대한 전문적인 표현은 "귀신을 가지고 있다" 또는 "마귀들리다"이다.

때때로 우리는 "더러운 마귀들" 또는 "악귀"(행 19:12 "12. 심지어 사람들이 바울의 몸에서 손수건이나 앞치마를 가져다가 병든 사람에게 얹으면 그 병이 떠나고 악귀도 나가더라")와 같은 표현으로도 불리는 것을 볼 수 있다.

마귀들림의 현상들은 다양하다. 우리는 이미 마귀들이 일으키는 육신의 질병들을 살펴보았다.

마귀들린 사람들은 특별한 힘을 가질 수 있고(막 5:2-4 "2. 배에서 나오시매 곧 더러운 귀신 들린 사람이 무덤 사이에서 나와 예수를 만나다 3. 그 사람은 무덤 사이에 거처하는데 이제는 아무나 쇠사슬로도 맬 수 없게 되었으니 4. 이는 여러번 고랑과 쇠사슬에 매였어도 쇠사슬을 끊고 고랑을 깨뜨렸음이러라 그리하여 아무도 저를 제어할 힘이 없는지라"), 옷을 입지 않고 집을 떠난 무덤 사이에서 사는 것과 같은 기괴한 방식으로 행동할 수도 있으며(눅 8:27 "27. 육지에 내리시매 그 도시 사람으로서 귀신들린 자 하나가 예수를 만나니 이 사람은 오래 옷을 입지 아니하며 집에 거하지도 아니하고 무덤 사이에 거하는 자라"), 혹은 자기 자신을 학대하는 행위를 할 수도 있다(마 17:15 "15. 주여 내 아들을 불쌍히 여기소서 저가 간질로 심히 고생하여 자주 불에도 넘어지며 물에

도 넘어지는지라";

막 5:5 "5. 밤낮 무덤 사이에서나 산에서나 늘 소리지르며 돌로 제 몸을 상하고 있었더라").

귀신들이 주는 피해의 정도가 다양하다는 것을 분명히 알 수 있는데, 이는 예수님이 "가서 저보다 더 악한 마귀 일곱을 데리고 들어가서 거하는"(마 12:45 "45. 이에 가서 저보다 더 악한 귀신 일곱을 데리고 들어가서 거하니 그 사람의 나중 형편이 전보다 더욱 심하게 되느니라 이 악한 세대가 또한 이렇게 되리라") 악한 마귀에 대해 말씀하신 것을 보면 알 수 있다.

이 모든 경우에 있어 공통적인 사실은 그 사건에 관련된 사람은 육체적으로든 정신적으로든 또는 영적으로든 간에 파괴되고 있다는 것이다.

성경 저자들이 모든 질병들을 마귀들림 때문에 일어난 질병으로 보지 않는다는 사실에 우리는 주목해야 한다. 예를 들면, 마태복음에서 백부장의 하인(마 8:5-13 "5. 예수께서 가버나움에 들어가시니 한 백부장이 나아와 간구하여

6. 가로되 주여 내 하인이 중풍병으로 집에 누워 몹시 괴로워하나이다

7. 가라사대 내가 가서 고쳐 주리라

8. 백부장이 대답하여 가로되 주여 내 집에 들어오심을 나는 감당치 못하겠사오니 다만 말씀으로만 하옵소서 그러면 내 하인이 낫겠사옵나이다

9. 나도 남의 수하에 있는 사람이요 내 아래도 군사가 있으니 이더러 가라 하면 가고 저더러 오라 하면 오고 내 종더러 이것을 하라 하면 하나이다

10. 예수께서 들으시고 기이히 여겨 좇는 자들에게 이르시되 내가 진실로 너희에게 이르노니 이스라엘 중 아무에게서도 이만한 믿음을 만나보지 못하였노라

11. 또 너희에게 이르노니 동서로부터 많은 사람이 이르러 아브라함

과 이삭과 야곱과 함께 천국에 앉으려니와

12. 나라의 본 자손들은 바깥 어두운데 쫓겨나 거기서 울며 이를 갊이 있으리라

13. 예수께서 백부장에게 이르시되 가라 네 믿은대로 될찌어다 하시니 그 시로 하인이 나으니라")과 열두 해 동안 혈루증을 앓아 온 여인이 치유받은 경우(9:19-20 "19. 예수께서 일어나 따라 가시매 제자들도 가더니

20. 열 두 해를 혈루증으로 앓는 여자가 예수의 뒤로 와서 그 겉옷 가를 만지니")에는 마귀들을 쫓아냈다는 언급이 전혀 없다.

예수님은 어떤 특별한 주문 같은 것을 외치시지 않고 귀신들을 쫓아내셨다. 단지 마귀들에게 나오라고 명령하셨을 뿐이다(막 1:25 25. 예수께서 꾸짖어 가라사대 잠잠하고 그 사람에게서 나오라 하시니 ;

막 9:25 "25. 예수께서 무리의 달려 모이는 것을 보시고 그 더러운 귀신을 꾸짖어 가라사대 벙어리 되고 귀먹은 귀신아 내가 네게 명하노니 그 아이에게서 나오고 다시 들어가지 말라 하시매").

예수님은 귀신을 쫓아내는 것이 하나님의 성령(마 12:28 "28. 그러나 내가 하나님의 성령을 힘입어 귀신을 쫓아내는 것이면 하나님의 나라가 이미 너희에게 임하였느니라") 또는 하나님의 손(눅 11:20 "20. 그러나 내가 만일 하나님의 손을 힘입어 귀신을 쫓아내는 것이면 하나님의 나라가 이미 너희에게 임하였느니라")에 의한 것이라고 말씀하셨다.

예수님은 제자들에게 마귀를 쫓아낼 수 있는 권한을 부여하셨다(마 10:1 "1. 아브라함과 다윗의 자손 예수 그리스도의 세계라"). 그러나 제자들이 성공적으로 이 사역을 감당하기 위해서는 믿음이 필요하였다(마 17:19-20 "19. 이 때에 제자들이 종용히 예수께 나아와 가로되 우리는 어찌하여 쫓아내지 못하였나이까 20. 가라사대 너희 믿음이 적은 연고니라 진실로 너희에게 이르노니 너희가 만일 믿음이 한 겨자씨만큼만 있

으면 이 산을 명하여 여기서 저기로 옮기라 하여도 옮길 것이요 또 너희가 못할 것이 없으리라").

기도 또한 마귀를 쫓아내는데 없어서는 안 될 필수요건으로 언급하고 있다(막 9:29 "29. 이르시되 기도 외에 다른 것으로는 이런 유가 나갈 수 없느니라 하시니라"). 때로는 제삼자의 믿음이 요구되기도 한다(막 9:23-24 "23. 예수께서 이르시되 할 수 있거든이 무슨 말이냐 믿는 자에게는 능치 못할 일이 없느니라 하시니 24. 곧 그 아이의 아비가 소리를 질러 가로되 내가 믿나이다 나의 믿음 없는 것을 도와 주소서 하더라"; 비교. 6:5-6 "5. 거기서는 아무 권능도 행하실 수 없어 다만 소수의 병인에게 안수하여 고치실 뿐이었고

6. 저희의 믿지 않음을 이상히 여기셨더라 이에 모든 촌에 두루 다니시며 가르치시더라").

그런가 하면 어떤 때는 고침받고자 하는 소원을 표현하지 않은 이에게서 마귀들이 쫓겨나기도 했다.

3. 천사론의 역할

어떤 이들에게는 우리가 지금까지 다루어 온 선한 천사와 악한 천사에 대한 내용이 모호하고 이상하게 보일 수도 있으나, 이것이 신자들의 삶에 있어서 중요한 역할을 한다는 것은 부인할 수 없다.

우리는 이제 이 주제에 대한 우리의 연구를 바탕으로 몇 가지 유익한 점들을 살펴보기로 하겠다.

어려울 때 우리를 도와줄 수 있는, 보이지는 않지만 수많은 능력있는 천사들이 있다는 사실을 알고 있는 것은 우리에게 위로와 격려가 된다.

믿음의 눈을 통하여 신자들은 엘리사의 종에게 일어난 것과 같은 천사들의 모습(왕하 6:17 "17. 기도하여 가로되 여호와여 원컨대 저의 눈을 열어서 보게 하옵소서 하니 여호와께서 그 사환의 눈을 여시매 저가 보니 불말과 불병거가 산에 가득하여 엘리사를 둘렀더라")을 보게 될 것이다.

천사들이 하나님을 찬양하고 섬기는 모습은 우리가 지금 이 땅에서 어떻게 살아야 하는지, 그리고 죽음 이후에 하나님 앞에서의 우리의 삶이 어떻게 될 것인지를 보여 주는 실례가 된다.

하나님과 가까이 있었던 천사들조차도 시험에 굴복하여 타락하였다는 사실을 알고 깨어 근신해야 한다. "넘어질까 조심하라"(고전 10:12 "12. 그런즉 선 줄로 생각하는 자는 넘어질까 조심하라")는 사도 바울의 말은 우리가 늘 마음속 깊이 새겨야 할 교훈이다.

악한 천사에 대한 지식은 사탄의 세력들로부터 올 것으로 예견되는 위험과 유혹의 교묘함에 대해 경계하도록 하며, 마귀의 활동 방식에 대한 통찰력을 제공해 준다.

우리는 두 극단적인 태도를 경계해야 한다. 우리는 마귀로부터 오는 위험들을 경계하기 위해 마귀를 하찮게 여기는 우를 범하지 말아야 할 것이고 한편으론 마귀에 대해 너무 지나친 관심을 갖는 오류를 범하지 말아야 할 것이다.

사탄과 그의 무리들이 아무리 강하다 할지라도, 그들이 할 수 있는 것에는 분명한 한계가 있다는 사실에 대한 인식은 우리로 하여금 확신 가운데 거하게 해 준다. 그러므로 우리는 하나님의 은혜에 힘입은 바 되어 그와의 대적에서 승리할 수 있다. 그리고 우리는 그의 궁극적인 패배가 확실하다는 사실을 알 수 있는데, 이는 사탄과 그를 따르는 악한 천사들이 불과 유황 못에 영원히 던져질 것을 성경이 밝히 증거하고 있기 때문이다(마 25:41 "41. 또 왼편에 있는 자들에게 이르시되 저주를 받은 자들아 나를 떠나 마귀와 그 사자들을 위하여 예비된 영영한 불에 들어가라"; 계 20:10 "10. 또 저희를 미혹하는 마귀가 불과 유황 못에 던지우니 거기는 그 짐승과 거짓 선지자도 있어 세세토록 밤낮 괴로움을 받으리").

4부
하나님의 선과 악의 이해

1. 악의 문제를 다루기 위해 고려해야 할 내용

악의 문제를 완벽하게 해결한다는 것은 인간의 능력을 넘어서는 것이다. 그러므로 여기서 우리가 하고자 하는 것은 그 문제를 해결하는 데 도움이 될 만한 여러 주제들을 제시하는 것이다.

이러한 주제들은 이 책이 지지하는 신학의 기본적인 교리들과 일치할 것이다.

이 신학은 하나님의 주권을 가장 중요하게 생각하면서도 그것을 인간의 자유와 개성과 모순되지 않도록 긍정적으로 연결시키려 하는 온건한 칼빈주의라 규정지을 수 있다.

다시 말해, 그들 자신의 참되고 선한 존재를 가지고 있지만, 궁극적으로는 하나님의 창조에 의해(하나님께로부터 유출된 것이 아니라) 그들의 존재를 부여받은 하나님과는 구별된 실체들이 있다.

이 신학은 또한 인간의 죄와 타락 그리고 그로 말미암은 인간의 죄악성, 악과 마귀가 이끄는 인격적인 귀신들의 실체, 삼위 하나님 가운데 제2위 하나님의 성육신과 인간의 죄를 담당하신 그분의 속죄 사역, 그리고 죽음 이후에 영생이 있다는 것을 인정한다.

악의 문제를 다루는 데 도움을 주기 위해 제시되는 다음의 주제들은 이러한 신학적인 구조의 맥락 속에 있는 것들이다.

2. 인간 창조의 필수적인 부산물로서의 악

하나님께서 행하실 수 없는 일들이 있다. 예를 들면, 하나님은 잔인하실 수 없다. 왜냐하면 잔인함은 하나님의 본성과 반대되기 때문이다.

하나님은 거짓말을 하실 수 없다. 왜냐하면 하나님은 자신의 약속을 어길 수 없기 때문이다.

그 외에도 하나님께서는 필연적인 결과들을 무시하고서는 행하실 수 없는 다른 것들이 있다.

예를 들어, 하나님은 원의 중심으로부터 일정한 거리에 있는 원주상의 모든 점들 없이 진정한 원을 그을 수 없다.

마찬가지로 하나님께서는 부수적으로 따라오는 어떤 특징들을 수반하지 않고는 인간을 만들 수 없다.

만일 인간에게 자유의지가 없다면, 인간은 인간일 수 없다.

인간이 알미니안주의에서 의미하는 자유로운 존재이든 아니면 하나님께서 일어나는 모든 일들을 확실하게 해놓으셨다는 사실과 일치한다는 의미에서 자유로운 존재이든 간에, 하나님께서 자신이 의도한 대로 인간을 만드셨다는 것은 만일 악과 같은 것이 없었다면 충분히 활용할 수 없었을 어떤 재능들(예를 들면, 원하고 행할 수 있는 능력들)을 인간이 가지고 있었다는 것을 의미한다.

만일 하나님께서 악을 방지하셨다면, 하나님은 인간을 지금의 인간과는 다른 인간으로 만드셨어야 했을 것이다.

진정한 인간이 되기 위해서, 인간은 하나님께서 인간으로 하여금 소유하고 행하기를 원하시는 것이 아닌 다른 것들을 소유하고 행하고 싶어하는 능력을 가져야만 한다.

그러므로 악이란 인간을 참다운 인간으로 만들기 위한 하나님의 선하신 계획에 뒤따르는 필수적인 부산물인 것이다.

악은 인간 창조의 필수적인 부산물이라는 주제에 대한 또 다른 차원의 내용은 하나님께서 지금과 같은 물질 세계를 만드셨다는 것은 어떤 부산물들을 필요로 하셨다는 것이다.

분명한 것은 인간이 자신의 불순종에 대해 형벌을 받을 수도 있다는 것을 전제로 도덕적 선택을 한다는 것은 인간이 죽을 수도 있다는 것을 의미한다는 것이다.

더 나아가 생명의 보존은 죽음에 이를 수도 있는 상황들을 필요로 하였다. 예를 들면, 우리는 살기 위해 물이 필요하다.

그러나 우리가 마시는 똑같은 물이 다른 상황에서는 우리의 폐로 들어가 산소의 공급을 차단시키므로 우리를 익사하게 할 수 있다.

생명을 유지하는데 필요한 물이 생명을 빼앗아 갈 수도 있는 것이다.

여기서 어떤 이는 이렇게 문제를 제기할 수도 있을 것이다.

"만일 하나님께서 부수적으로 따라오는 악의 가능성이 배제된 세상을 창조하실 수 없으셨다면 도대체 왜 세상을 창조하였는가? 혹은 왜 인간이 없는 세상을 창조하지 않으셨는가?"

어떤 의미에서 우리는 이에 대해 명확한 대답을 줄 수 없다. 왜냐하면 우리가 하나님이 아니기 때문이다.

다만 우리에게 필요한 것은 하나님께서 더 나은 선을 택하셨다는 사실을 주목하는 것이다.

즉 하나님께서는 창조하지 않는 것보다 창조하는 것이 더 나으며, 인간보다 못한 존재를 창조하는 것보다 인간을 창조하는 것이 더 좋은 것이었기에 그렇게 하시기로 결정하신 것이다.

하나님께서는 자신과 교제를 나누며 자신에게 순종할 존재, 즉 달리 행할 수 있는 시험에 직면했을 때에도 하나님께 순종할 것을 선택할 존재를 창조할 것을 결정하셨다.

이것은 하나님의 뜻에 맞지 않는 것을 행하거나 바랄 수조차 없는 환경으로 인간을 집어 넣는 것보다는 분명히 더 큰 선이었다.

3. 선과 악의 문제 재평가

우리가 선이라고 부르는 것과 악이라고 부르는 것들 가운데 어떤 것들은 실제로 그렇지 않을 수도 있다. 그러므로 우리는 선과 악을 구성하고 있는 것이 무엇인지 세심한 주의를 기울여 살펴볼 필요가 있다.

첫째, 우리는 먼저 신적인 차원을 고려해야 한다. 선이란 단지 인간에게 개인적인 즐거움을 직접적인 방식으로 가져다주는 것으로 정의되어서는 안 된다.

오히려 선이란 하나님의 뜻과 하나님 자신과의 관계 속에서 정의되어야 한다.

선이란 하나님을 영화롭게 하고 그분의 뜻을 이루는 것이고 그분의 성품을 따라가는 것이다. 기독교인들은 로마서 8:28의 약속을 때로 자신의 구미에 맞춰 다소 그럴듯하게 인용한다.

"우리가 알거니와 하나님을 사랑하는 자 곧 그의 뜻대로 부르심을 입은 자들에게는 모든 것이 합력하여 선을 이루느니라." 그러나 여기서 말하는 선이란 무엇인가?

바울은 이에 대한 대답을 로마서 8:29절에서 말하고 있다.

"하나님이 미리 아신 자들로 또한 그 아들의 형상을 본받게 하기 위하여 미리 정하셨으니 이는 그로 많은 형제 중에서 맏아들이 되게 하려 하심이니라."

그러므로 선이란 개인적인 부나 건강이 아니라 하나님의 아들의 형상을 본받는 것이다.

이것은 단시간의 위로가 아니라 하나님의 탁월한 지혜와 지식에 의해 결정된 인간의 영속적인 행복인 것이다.

둘째, 우리는 시간 혹은 지속의 차원을 고려해야 한다. 우리가 경험하는 어떤 악들은 짧은 기간 동안은 우리를 매우 괴롭히지만 긴 안목으로 봐서는 훨씬 더 큰 선을 이룬다.

셋째, 악의 범위에 관한 문제가 있다. 우리는 선과 악을 평가하는 데 있어 매우 개인주의적인 경향이 있다. 그러나 이 세상은 아주 거대하고 복잡한 세상이며 그 안에는 하나님께서 돌보실 자들이 많이 있다.

여기서 우리가 말하고 있는 내용 가운데 일부는 악으로 보이는 것들이 어떤 경우에는 실제로 하나의 더 큰 선을 이루는 수단이 된다는 사실이다.

우리가 비록 그런 것들을 온전하게 이해하지는 못한다 할지라도, 하나님의 하나님의 계획들과 행위들이 그 결과에 의해 선하게 되는 것은 아니라는 사실을 주목해야 한다.

오히려 하나님의 계획들과 행위들이 선한 것은 하나님께서 그러한 것들을 의도하셨다는 사실 때문이다.

4. 일반적 죄의 결과로서의 일반적 악

이 책이 견지하고 있는 한 가지 중요한 신학적 교리는 인간이 인간이 죄를 지었다는 사실이다.

이 말이 의미하는 바는 민족과 민족 간의 죄를 말하는 것이 아니라 온 인류가 죄를 지었고 지금 죄인이었다는 것이다.

인류의 머리가 되는 아담 안에서 온 인류가 하나님의 뜻을 어기고 하나님께서 인간을 창조하셨을 때 갖고 있던 무죄의 상태에서 타락하게 되었다.

결국 모든 인간은 죄를 지을 수 밖에 없는 본성을 가지고 인생을 시작한다.

성경은 인간의 최초의 죄인 타락과 함께 우주에 근본적인 변화가 일어나게 되었다고 말한다.

하나님께서는 다음과 같은 것으로 대표되는 저주를 선포하셨다. 즉 해산의 고통(창 3:16 "16. 또 여자에게 이르시되 내가 네게 잉태하는 고통을 크게 더하리니 네가 수고하고 자식을 낳을 것이며 너는 남편을 사모하고 남편은 너를 다스릴 것이니라 하시고"), 아내에 대한 남자의 지배(16절 "16. 또 여자에게 이르시되 내가 네게 잉태하는 고통을 크게 더하리니 네가 수고하고 자식을 낳을 것이며 너는 남편을 사모하고 남편은 너를 다스릴 것이니라 하시고"), 힘든 노동(17절 "17아담에게 이르시되 네가 네 아내의 말을 듣고 내가 너더러 먹지 말라한 나무 실과를 먹었은즉 땅은 너로 인하여 저주를 받고 너는 종신토록 수고하여야 그 소산을 먹으리라"), 가시와 엉겅퀴(18절 "18. 땅이 네게 가시덤불과 엉겅퀴를 낼 것이라 너의 먹을 것은 밭의 채소인즉").

이러한 내용은 하나님께서 피조세계에 내리신 저주의 실제적인 결과의 한 실례에 불과한 것처럼 보인다. 바울은 로마서 8장에서 온 피조물이 인간의 죄로 말미암아 영향을 받아왔으며 지금도 썩어짐에 종노릇한다고 말하고 있다.

피조물이 고대하는 바는 이러한 종노릇한 데서 해방되는 것이다. 따라서 모든 자연적인 악 또한 인간의 죄로 말미암은 결과인 듯하다.

그러나 타락의 영향이 보다 심각하고 분명하게 나타나는 곳은 도덕적 악, 즉 인간의 의지와 행위와 관련된 악의 증거이다.

인간의 고통과 불행의 많은 부분이 사회 안의 구조적인 악의 결과라고 보는 데는 의문의 여지가 없다.

예를 들면, 권력이란 다른 사람들을 착취하기 위해 그것을 사용하는 소수의 손에 쥐어질 수 있다.

한 집단의 이익을 대변하는 집단이기주의는 어떤 특수한 사회 계층이나 인종에게 고통스럽거나 힘든 상황에 처하게 할 수도 있다.

여기서 우리가 제기해야 하는 중요한 질문이 하나 있다. 즉 처음에 어떻게 죄가 일어날 수 있었는가 하는 것이다. 이에 대한 부분적인 대답은 인간이 참으로 자유로운 존재가 되기 위해서는 인간에게 선택권이 있어야 한다는 것이다.

선택의 여지는 두 가지이다. 하나님께 순종하느냐 불순종하느냐 하는 것이다. 그들(아담과 하와)이 하나님께 불순종하였을 때, 하나님과 그들과의 관계는 틀어지게 되었고 죄는 하나의 실체가 되었다.

인간은 죄로 말미암아 크게 영향을 받게 되었다.

인간의 태도와 가치관 그리고 관계가 변하게 되었다. 아담과 하와의 경우에 있어 이러한 변화는 그들이 옷을 벗고 있다는 사실에 대한 새로운 깨달음과 하나님에 대한 두려움 그리고 자신들이 저지른 죄에 대한 책임을 받아들이려 하지 않는 태도 속에 반영되었다.

그렇다면 하나님께서 죄를 창조하지 않았다는 사실은 분명하다.

하나님은 단지 인간의 자유를 위해 필요한 선택권을 제공하셨을 뿐이다. 물론 그 선택권 안에는 잘못된 선택을 할 경우 죄라는 결과를 가져올 수도 있는 가능성이 있었다. 죄를 지은 것은 인간이지 하나님이 아니시다.

5. 특별한 죄의 결과로서의 특별한 악

어떤 특정한 악들은 특별한 죄나 혹은 적어도 부주의함의 결과에서 비롯된 것이다. 삶 속에서 겪게 되는 어떤 재난은 다른 사람들의 죄악된 행위로 말미암은 것이기도 하다.

살인, 아동 학대, 도둑질, 강간 등은 죄악된 개인이 취한 죄악된 선택 행위와 연관된 악들이다.

어떤 경우에 피해자는 일어난 악에 대하여 무죄하다. 그러나 어떤 때는 "피해자"가 악한 행위를 하도록 부추기는 경우도 있다.

꽤 많은 경우에 우리는 우리 자신의 죄악된 행동이나 지혜롭지 못한 행동으로 인해 우리 자신에게 악을 불러오게 된다. 여기서 우리는 아주 조심해야 한다.

욥의 친구들은 욥이 당한 모든 불행이 전적으로 욥의 죄 때문이었다고 말하는 경향이 있었다(욥 22장

1. 데만 사람 엘리바스가 대답하여 가로되

2. 사람이 어찌 하나님께 유익하게 하겠느냐 지혜로운 자도 스스로 유익할 따름이니라 3. 네가 의로운들 전능자에게 무슨 기쁨이 있겠으며 네 행위가 온전한들 그에게 무슨 이익이 있겠느냐

4. 하나님이 너를 책망하시며 너를 심문하심이 너의 경외함을 인함이냐

5. 네 악이 크지 아니하냐 네 죄악이 극하니라

6. 까닭 없이 형제의 물건을 볼모 잡으며 헐벗은 자의 의복을 벗기며

7. 갈한 자에게 물을 마시우지 아니하며 주린 자에게 식물을 주지 아니하였구나

8. 권세 있는 자가 토지를 얻고 존귀한 자가 거기서 사는구나

9. 네가 과부를 공수로 돌아가게 하며 고아의 팔을 꺾는구나

10. 이러므로 올무들이 너를 둘러 있고 두려움이 홀연히 너를 침범하며

11. 어두움이 너로 보지 못하게 하고 창수가 너를 덮느니라

12. 하나님이 높은 하늘에 계시지 아니하냐 보라 별의 높음이 얼마나 높은가

13. 그러나 네 말은 하나님이 무엇을 아시며 흑암 중에서 어찌 심판하실 수 있으랴

14. 빽빽한 구름이 그를 가리운즉 그가 보지 못하시고 궁창으로 걸어 다니실 뿐이라 하는구나

15. 네가 악인의 밟던 옛적 길을 지키려느냐

16. 그들은 때가 이르기 전에 끊어버리웠고 그 터는 하수로 인하여 함몰되었느니라

17. 그들이 하나님께 말하기를 우리를 떠나소서 하며 또 말하기를 전능자가 우리를 위하여 무엇을 하실 수 있으랴 하였으나

18. 하나님이 좋은 것으로 그 집에 채우셨느니라 악인의 계획은 나와 판이하니라

19. 의인은 보고 기뻐하고 무죄자는 그들을 비웃기를

20. 우리의 대적이 끊어졌고 그 남은 것이 불사른바 되었다 하느니라

21. 너는 하나님과 화목하고 평안하라 그리하면 복이 네게 임하리라

22. 청컨대 너는 그 입에서 교훈을 받고 그 말씀을 네 마음에 두라

23. 네가 만일 전능자에게로 돌아가고 또 네 장막에서 불의를 멀리 버리면 다시 흥하리라

24. 네 보배를 진토에 버리고 오빌의 금을 강 가의 돌에 버리라

25. 그리하면 전능자가 네 보배가 되시며 네게 귀한 은이 되시리니

26. 이에 네가 전능자를 기뻐하여 하나님께로 얼굴을 들 것이라

27. 너는 그에게 기도하겠고 그는 들으실 것이며 너의 서원한 것을 네가 갚으리라

28. 네가 무엇을 경영하면 이루어질 것이요 네 길에 빛이 비취리라

29. 네가 낮춤을 받거든 높아지리라고 말하라 하나님은 겸손한 자를 구원하시느니라

30. 무죄한 자가 아니라도 건지시리니 네 손이 깨끗함을 인하여 그런 자가 건지심을 입으리라). 그러나 예수님은 재난이라는 것이 항상 특정한 죄의 결과만은 아니라는 사실을 지적하셨다.

그의 제자들이 나면서부터 소경된 자에 대해 "랍비여 이 사람이 소경으로 난 것이 뉘 죄로 인함이오니이까 자기오니이까 그 부모오니이까"라고 물었을 때, 예수님은 "이 사람이나 그 부모가 죄를 범한 것이 아니라 그에게서 하나님의 하시는 일을 나타내고자 하심이니라"(요 9:2-3 "2. 제자들이 물어 가로되 랍비여 이 사람이 소경으로 난 것이 뉘 죄로 인함이오니이까 자기오니이까 그 부모오니이까

3. 예수께서 대답하시되 이 사람이나 그 부모가 죄를 범한 것이 아니라 그에게서 하나님의 하시는 일을 나타내고자 하심이니라")고 대답하셨다.

예수님은 그 사람과 그의 부모가 죄를 짓지 않았다고 말씀하시지는 않았다.

오히려 예수님은 그가 소경된 것이 어떤 특별한 죄의 결과라는 생각을 반박하셨던 것이다. 어떤 사람이 불행을 겪게 된 것은 바로 그 사람의 죄 때문이라고 속단하는 것은 지혜롭지 못한 처사이다.

바울은 "스스로 속이지 말라 하나님은 만홀히 여김을 받지 아니하시나니 사람이 무엇으로 심든지 그대로 거두리라 자기의 육체를 위하여 심는 자는 육체로부터 썩어진 것을 거두고 성령을 위하여 심는 자는 성령으로부터 영생을 거두리라"(갈 6:7-8 "7. 스스로 속이지 말라 하나님은 만홀히 여김을 받지 아니하시나니 사람이 무엇으로 심든지 그대로 거두리라

8. 자기의 육체를 위하여 심는 자는 육체로부터 썩어진 것을 거두고 성령을 위하여 심는 자는 성령으로부터 영생을 거두리라")고 말하였다.

누구든지 간음에 대한 율법(출 20:14 "14. 간음하지 말찌니라")을 어긴 자는 그로 인해 배우자와의 신뢰 관계뿐만 아니라 자녀들과의 신뢰 관계도 파괴된다는 사실을 알게 될 것이다.

알콜중독자가 간경화로 자신의 건강을 해치게 되는 것은 당연한 결과이다.

하나님께서 그에게 가해하시는 것이 아니다. 오히려 알콜중독이라는 죄가 그러한 질병을 가져오게 한 것이다. 그러나 이 말은 하나님께서 사람들을 징계하시기 위해 죄의 자연적인 결과들을 사용하시지 않는다는 말은 아니다.

6. 악의 피해자로서의 하나님

하나님께서 죄와 죄의 악한 결과들을 스스로 떠맡으셨다는 사실은 악의 문제의 해결을 위해 기독교 교리만이 제공해 주는 특별한 공헌이다.

자기 자신이 죄로 말미암은 악의 피해자가 될 것을 아시면서도 하나님께서 죄가 일어나도록 허용하셨다는 사실은 놀랄 만한 것이다.

성경은 우리에게 하나님께서 인간의 죄악으로 인해 근심하셨다는 사실을 말하고 있다(창 6:6 "6. 땅위에 사람 지으셨음을 한탄하사 마음에 근심하시고").

물론 이것이 신인동형론적인(anthropomorphism) 표현이기는 하지만 그럼에도 불구하고 인간의 죄악이 하나님을 고통스럽게 하거나 가슴 아프게 하였다는 사실을 지적하고 있다.

그러나 이것보다 더욱 중요한 점은 성육신의 사실이다.

삼위일체이신 하나님께서는 제2위이신 하나님이 이 땅에 오셔서 수많은 악들, 예를 들면 배고픔, 피로, 배반, 조롱, 거절, 고통 그리고 죽음 등을 당하실 것을 알고 계셨다.

그분이 이렇게 하신 것은 악과 악으로 말미암은 결과들을 제거하기 위해서였다.

하나님은 이 세상에서 우리와 함께 악으로 말미암은 고통을 겪으신 분이시다.

따라서 그분은 우리를 악에서 구하실 수 있다. 이 얼마나 측량할 수 없는 사랑인가! 하나님께서 죄를 허락하심으로 결국 악도 허락하셨다는 이유로 하나님의 선하심을 비난하는 자들은 누구든지 하나님께서 자신과 우리가 악에 대한 승리자가 되도록 하기 위하여 스스로 악의 피해자가 되셨다는 성경의 가르침에 대한 그러한 비난의 타당성을 검토해 보아야 한다.

7. 죽음 이후

이 세상에서 불의와 더불어 무죄하게 고통당하는 분명한 사례들로 보이는 것들이 있다는 사실에는 의문의 여지가 없다. 만일 이 땅에서의 삶이 존재하는 모든 것이라고 한다면, 악의 문제는 분명히 해결될 수 없을 것이다.

그러나 죽음 이후의 삶에 대한 기독교의 교리는 위대한 심판의 때, 즉 모든 죄가 밝혀지고 경건한 자들이 드러나게 될 때가 있을 것이라고 가르친다.

그 심판은 불의가 전혀 없는 공정한 심판이 될 것이다. 악에 대한 심판이 집행될 것이고 영생이라는 최종적인 차원의 삶이 하나님의 사랑의 제안에 응답하였던 모든 사람들에게 주어질 것이다.

그러므로 어떻게 악인은 번성하고 의인은 고통받을 수 있는 가에 대한 시편 기자의 불평은 죽음 이후의 삶의 관점에서 해결될 수 있을 것이다.

5부
하나님의 창조

하나님의 계획이란 건축자가 건축하게 될 건물에 대한 계획이나 설계도와 같은 것이라 할 수 있다.
그러나 그 계획은 단순히 하나님의 마음속에만 있는 계획은 아니다.
그것은 하나님의 행위들에 의해 실체화되어 왔다.
이런 점에서 우리는 이러한 하나님의 다양한 사역들에 대해 자세히 살펴보고자 한다.
이 부분에서 우리는 성부의 단독 사역은 아닐지라도 특별히 성부 하나님의 사역으로 간주되는 사역들을 집중적으로 논의할 것이다.
이 사역들 중 가장 첫 번째 사역은 바로 창조 사역이다.
여기서 창조 사역이란 현재 존재하는 모든 것들을 이전에 존재하였던 어떤 물질들을 사용하지 않고 만들어 내신 하나님의 사역을 의미한다.

1. 창조론의 연구 이유

1). 창조론을 주의 깊게 연구하는 데에는 몇 가지 이유가 있다.

첫째는, 성경이 그것을 매우 중요시하기 때문이다. 성경이 말하는 첫 진술이 바로 "태초에 하나님이 천지를 창조하시니라"(창 1:1 "1. 태초에 하나님이 천지를 창조하시니라")이다.

마찬가지로 신약성경의 복음서들 중에서 가장 신학적인 성향을 띠고 있는 요한복음에서도 가장 먼저 언급하고 있는 내용이 바로 창조이다 (요 1:1-3 "1. 태초에 말씀이 계시니라 이 말씀이 하나님과 함께 계셨으니 이 말씀은 곧 하나님이시니라

2. 그가 태초에 하나님과 함께 계셨고

3. 만물이 그로 말미암아 지은 바 되었으니 지은 것이 하나도 그가 없이는 된 것이 없느니라.")

두말할 나위 없이 하나님의 창조 사역은 성경이 하나님을 나타내 보여 주는 데 있어서 중요한 역할을 한다.

2) 창조론은 교회의 신앙의 중요한 부분이 되어 왔다.

다시 말해 창조론은 교회의 가르침과 설교에 있어 매우 중요한 요소로 존재해 왔다.

사도신경의 처음 항목도 바로 "전능하사 천지를 만드신 하나님 아버지를 내가 믿사오며"라는 신앙고백이다.

비록 이 부분(창조를 다루는 이 구절)이 가장 초기의 사도신경에는 없었고 그 후에 추가된 것이기는 하나, 그럼에도 불구하고 사도신경과

같은 간단한 고백문에도 창조가 상당히 일찍 포함될 정도로 중요하게 여겨졌다는 것은 시사하는 바가 매우 크다 하겠다.

3) 창조론에 대한 우리의 이해가 중요한 또 다른 이유는 그 교리가 다른 교리를 이해하는 데 결정적인 영향을 주기 때문이다.

인간은 하나님에 의해 하나의 구별된 존재로 창조되었다. 즉 인간은 하나님으로부터 유출된 존재가 아니다.

인간은 자신이 지은 모든 창조물을 좋았다고 선언하신 좋으신 하나님의 손으로 만들어졌기 때문에, 영적인 것뿐 아니라 물질적인 것에도 어떤 내재적인 악도 없다.

이러한 창조론의 다양한 면들은 우리에게 인간의 신분이나 지위에 대한 많은 것을 말해 준다.

더욱이 우주는 단순한 우연의 산물이 아니라 하나님의 역사로 말미암은 것이기 때문에, 우리는 창조된 세계를 자세히 살펴봄으로써 하나님의 본성이나 뜻에 대한 어떤 내용들을 감지할 수 있게 된다.

4) 창조론은 기독교를 다른 종교들이나 다른 세계관들과 구별할 수 있게 해 준다.

어떤 이들은, 예를 들어 기독교와 힌두교가 근본적인 면에서는 서로 유사성을 가지고 있다고 생각할지도 모르지만, 자세히 검토해 보면 기독교의 신론과 창조론은 힌두교의 브라마-아트만 교리와는 전혀 다르다는 것을 알 수 있다.

창조론은 기독교를 기독교 되게 하는 중요한 교리인 것이다.

5) 창조론에 대한 연구는 기독교와 자연과학 사이의 대화의 가능성을 열어주는 영역이다.

때때로 그 대화는 아주 격렬하게 진행되기도 했다.

20세기 초에 있었던 진화론에 대한 논쟁을 통해서, 우리는 신학과 과학은 대부분의 기간 동안 서로의 공통된 주제에 대해 교차점 없이 평행선을 달려왔지만 우주의 기원에 대한 문제에 있어서 만큼은 양자가 서로 만난다는 사실을 분명히 알게 되었다.

신자와 성경의 입장이 이 주제와 관련되어 있다는 것과 무엇이 문제인지를 정확히 이해하는 것은 매우 중요하다.

6) 창조론에 대한 주의 깊은 이해가 필요한 것은 때때로 기독교계 내에서도 첨예한 의견 대립이 있어 왔기 때문이다.

20세기 초에 있었던 현대주의자와 근본주의자간의 논쟁은 대규모적인 창조론과 진화론과의 싸움이었다.

오늘날에는 이와 대조적으로 복음주의 진영 자체 내에서 점진적인 창조론과 지구는 불과 수천년 전에 창조되었다는 견해 사이의 내적인 논쟁이 있는 것 같다.

이 주제에 대해 성경이 가르치는 바를 정확히 이해하기 위해 보다 주의 깊은 연구가 있어야만 할 것이다.

2. 하나님의 무로부터의 창조

우리는 창조론에 대한 연구를 창조가 무로부터, 다시 말해 이미 존재해 있는 어떤 물질들을 사용하여 창조한 것이 아니라는 데서부터 시작하고자 한다.

이 말은 하나님의 모든 창조 사역이 시간이 시작되는 바로 그 시점에서 직접적이고 즉각적으로 일어났다는 것을 의미하는 것은 아니다(물론 모든 실체들을 존재케 하는 직접적이고 즉각적인 창조가 있었다. 그러나 하나님께서 처음에 만드신 것들을 발전시키거나 적응하도록 하시는 후속 사역인 간접적이고 파생적인 창조도 있다).

오히려 우리가 여기서 주장하는 것은 지금 존재하는 모든 것들은 그것을 존재케 하신 하나님의 활동으로 말미암아 시작되었다는 것이다 — 하나님께서는 자신과는 상관없이 이미 독립적으로 존재해있던 어떤 것을 꾸미거나 변형시키신 것이 아니다.

구약성경에서 창조를 표현하는 말들이 결정적인 단서는 되지 않는다 할지라도 무로부터 창조되었다는 개념은 비록 본문의 목적이 일차적으로 창조의 성격에 대한 것은 아니지만 신약성경의 여러 구절들에서 찾아볼 수 있다.

특별히 세상의 시작이나 창조의 시작에 대한 언급들이 많이 있다.

"창세부터"("from<since, before> the foundation of the world";

마 13:35 "35. 이는 선지자를 통하여 말씀하신 바 내가 입을 열어 비유로 말하고 창세부터 감추인 것들을 드러내리라 함을 이루려 하심이라";

마 25:34 "34. 예수께서 이 모든 것을 무리에게 비유로 말씀하시고 비유가 아니면 아무 것도 말씀하지 아니하셨으니";

눅 11:50 "50. 창세 이후로 흘린 모든 선지자의 피를 이 세대가 담당

하되";

요 17:24 "24. 아버지여 내게 주신 자도 나 있는 곳에 나와 함께 있어 아버지께서 창세 전부터 나를 사랑하시므로 내게 주신 나의 영광을 그들로 보게 하시기를 원하옵나이다";

엡 1:4 "4. 곧 창세 전에 그리스도 안에서 우리를 택하사 우리로 사랑 안에서 그 앞에 거룩하고 흠이 없게 하시려고";

히 4:3 "3. 이미 믿는 우리들은 저 안식에 들어가는도다 그가 말씀하신 바와 같으니 내가 노하여 맹세한 바와 같이 그들이 내 안식에 들어오지 못하리라 하셨다 하였으나 세상을 창조할 때부터 그 일이 이루어졌느니라";

히 9:26 "26. 그리하면 그가 세상을 창조한 때부터 자주 고난을 받았어야 할 것이로되 이제 자기를 단번에 제물로 드려 죄를 없이 하시려고 세상 끝에 나타나셨느니라";

벧전 1:20 "20. 그는 창세 전부터 미리 알린 바 되신 이나 이 말세에 너희를 위하여 나타내신 바 되었으니";

계13:8 "8. 죽임을 당한 어린 양의 생명책에 창세 이후로 이름이 기록되지 못하고 이 땅에 사는 자들은 다 그 짐승에게 경배하리라";

계17:8 "8. 네가 본 짐승은 전에 있었다가 지금은 없으나 장차 무저갱으로부터 올라와 멸망으로 들어갈 자니 땅에 사는 자들로서 창세 이후로 그 이름이 생명책에 기록되지 못한 자들이 이전에 있었다가 지금은 없으나 장차 나올 짐승을 보고 놀랍게 여기리라")

"처음부터"("from the beginning";

마 19:4, 8 "4. 예수께서 대답하여 이르시되 사람을 지으신 이가 본래 그들을 남자와 여자로 지으시고 8. 예수께서 이르시되 모세가 너희 마음의 완악함 때문에 아내 버림을 허락하였거니와 본래는 그렇지 아니하니라";

요 8:44 "44. 너희는 너희 아비 마귀에게서 났으니 너희 아비의 욕심대로 너희도 행하고자 하느니라 그는 처음부터 살인한 자요 진리가 그 속에 없으므로 진리에 서지 못하고 거짓을 말할 때마다 제 것으로 말하나니 이는 그가 거짓말쟁이요 거짓의 아비가 되었음이라";

살후 2:13 "13. 이는 아담이 먼저 지음을 받고 하와가 그 후며";

요일 1:1 "1. 태초부터 있는 생명의 말씀에 관하여는 우리가 들은 바요 눈으로 본 바요 자세히 보고 우리의 손으로 만진 바라";

요일 2:13-14

"13. 아비들아 내가 너희에게 쓰는 것은 너희가 태초부터 계신 이를 알았음이요 청년들아 내가 너희에게 쓰는 것은 너희가 악한 자를 이기었음이라

14. 아이들아 내가 너희에게 쓴 것은 너희가 아버지를 알았음이요 아비들아 내가 너희에게 쓴 것은 너희가 태초부터 계신 이를 알았음이요 청년들아 내가 너희에게 쓴 것은 너희가 강하고 하나님의 말씀이 너희 안에 거하시며 너희가 흉악한 자를 이기었음이라";

요일 3:8 "8. 죄를 짓는 자는 마귀에게 속하나니 마귀는 처음부터 범죄함이라 하나님의 아들이 나타나신 것은 마귀의 일을 멸하려 하심이라")

"창세로부터"("from the beginning of the world";

마 24:21 "21. 이는 그 때에 큰 환난이 있겠음이라 창세로부터 지금까지 이런 환난이 없었고 후에도 없으리라")

"창조시로부터"("from the beginning of the creation";

막 10:6 "6. 창조 때로부터 사람을 남자와 여자로 지으셨으니";

벧후 3:4 "4. 이르되 주께서 강림하신다는 약속이 어디 있느냐 조상들이 잔 후로부터 만물이 처음 창조될 때와 같이 그냥 있다 하니")

"하나님의 창조하신 창조부터"("from the beginning of the creation which God created";

막 13:19 "19. 이는 그 날들이 환난의 날이 되겠음이라 하나님께서 창조하신 시초부터 지금까지 이런 환난이 없었고 후에도 없으리라")

"창세로부터" ("since the creation of the world";

롬 1:20 "20. 창세로부터 그의 보이지 아니하는 것들 곧 그의 영원하신 능력과 신성이 그가 만드신 만물에 분명히 보여 알려졌나니 그러므로 그들이 핑계하지 못할지니라")

"주여 태초에 주께서 땅의 기초를 두셨으며" ("Thou, Lord, didst found the earth in the beginning";

히 1:10 "10. 또 주여 태초에 주께서 땅의 기초를 두셨으며 하늘도 주의 손으로 지으신 바라")

"하나님의 창조의 근본" ("the beginning of God's creation";

계 3:14 "14. 라오디게아 교회의 사자에게 편지하라 아멘이시요 충성되고 참된 증인이시요 하나님의 창조의 근본이신 이가 이르시되")

이러한 여러 가지 표현들과 관련하여 포에르스터는 "이 구절들은 창조가 이 세상의 존재의 시작을 포함하고 있으며 따라서 창조 전에는 어떤 물질도 존재하지 않았다는 것을 보여 주고 있다"고 말하였다.

우리는 신약성경에서 무로부터 창조되었다는 개면에 대한 보다 명백한 여러 표현들을 발견할 수 있다.

우리는 하나님께서 말씀으로 사물들을 존재케 하신 사실을 읽게 된다.

바울은 하나님을 "없는 것을 있는 것같이 부르시는 이"(롬 4:17)라고 하였다.

하나님께서는 "어두운 데서 빛이 비취리라"(고후 4:6)고 말씀하셨다. 이는 이미 존재하고 있던 것을 사용하지 않고 어떤 결과가 일어났다는 것을 분명하게 보여 준다.

하나님께서는 그의 말씀으로 창조하셨기 때문에 "보이는 것은 나타난 것으로 말미암아 된 것이 아닌"것이다(히 11:3).

이러한 성경의 언급들로부터 우리는 몇 가지 결론을 이끌어 낼 수 있다.

첫째, 하나님께서는 단지 어떤 상황들을 존재하게 하시고자 하면 그것들이 즉시 그가 의도한 것과 똑같이 실현되게 하는 능력을 갖고 계시다.

둘째, 창조는 하나님의 자발적인 의지의 행동이지 외부의 어떠한 힘이나 어떠한 사항들을 고려함으로써 어쩔 수 없이 취하게 된 행동이 아니다.

더 나아가 하나님께서는 그 창조의 과정에서 자기 자신을 연관시키지 않으셨다.

다시 말해 창조 세계는 하나님으로부터 나온 어떤 것으로 만들어진 것이 아니다.

창조 세계는 그분의 일부이거나 그분의 실체로부터 유출된 어떤 것이 아니다.

3. 하나님 창조주의 본질성

하나님께서는 어느 한 부분만을 창조하시고 그 나머지 것들은 다른 것에서부터 기원하도록 하지 않으셨다.

모든 실체가 그분의 행동을 통해 존재하게 되었다. 창세기의 첫 진술은 "태초에 하나님이 천지를 창조하시니라"인데, 여기서 "천지"라는 표현은 이 단어의 문자적 의미만을 지칭하도록 의도된 것이 아니다.

이것은 존재하는 모든 것을 가리키는 관용구이다. 이는 모든 우주 만물이 하나님의 이러한 행위를 통해 존재하게 되었다는 것을 확증시켜 주는 말이다.

요한복음 1:3 "3. 만물이 그로 말미암아 지은 바 되었으니 지은 것이 하나도 그가 없이는 된 것이 없느니라"은 그 같은 요소를 긍정적인 면과 부정적인 면에서 가장 분명하게 그리고 강조하여 표현하고 있다.

"만물이 그로 말미암아 지은 바 되었으니 지은 것이 하나도 그가 없이는 된 것이 없느니라."

여기서 우리는 존재하는 모든 것들의 피조성에 대한 확증과 어떤 것은 하나님 이외의 다른 어떤 이나 어떤 것에 의해서 만들어졌을 수 있다는 개념에 대한 거부를 읽을 수 있다.

4. 삼위일체 하나님의 사역

창조는 삼위 하나님의 사역이다. 창조사역에 대해 언급하고 있는 구약성경의 많은 구절들이 창조를 성부와 성자와 성령의 사역이라 하지 않고 단지 하나님께로 말미암은 것이라고 말하는데, 이는 삼위 하나님에 대한 구별이 아직까지는 온전히 계시되지 않았기 때문이었다(예를 들면,

창 1:1 "1. 태초에 하나님이 천지를 창조하시니라";

시 96:5 "5. 만국의 모든 신들은 우상들이지만 여호와께서는 하늘을

지으셨음이로다";

사 37:16 "16. 그룹 사이에 계신 이스라엘 하나님 만군의 여호와여 주는 천하 만국에 유일하신 하나님이시라 주께서 천지를 만드셨나이다";

사 44:24 "26. 그의 종의 말을 세워 주며 그의 사자들의 계획을 성취하게 하며 예루살렘에 대하여는 이르기를 거기에 사람이 살리라 하며 유다 성읍들에 대하여는 중건될 것이라 내가 그 황폐한 곳들을 복구시키리라 하며";

사 45:12 "12. 내가 땅을 만들고 그 위에 사람을 창조하였으며 내가 내 손으로 하늘을 펴고 하늘의 모든 군대에게 명령하였노라";

렘 10:11-12 "11. 너희는 이같이 그들에게 이르기를 천지를 짓지 아니한 신들은 땅 위에서, 이 하늘 아래에서 망하리라 하라 12. 여호와께서 그의 권능으로 땅을 지으셨고 그의 지혜로 세계를 세우셨고 그의 명철로 하늘을 펴셨으며").

그러나 신약성경에서 우리는 삼위 하나님에 대한 구분을 발견하게 된다.

바울이 우상에게 바쳐졌던 제물을 먹는 것이 합당한지를 논의하고 있는 문맥 속에 나오는 고린도전서 8:6은 이 문제에 대해 특별히 교훈적인 내용을 담고 있다.

바울은 하나님과 우상들을 대조시키면서 이렇게 말하였다.

"그러나 우리에게는 한 하나님 곧 아버지가 계시니 만물이 그에게서 났고 우리도 그를 위하여 또한 한 주 예수 그리스도께서 계시니 만물이 그로 말미암고 우리도 그로 말미암았느니라."

바울은 창조 사역에 성부와 성자를 모두 포함하여 언급하면서도 한편으로는 그들을 서로 구분하고 있다. 성부 하나님이 분명히 보다 두드러진 역할을 하셨다. 그분은 만물의 근원이시다. 성자 하나님은 만물의 존재의 방편이시거나 대리자이시다.

요한복음 1:3 "3. 만물이 그로 말미암아 지은 바 되었으니 지은 것이 하나도 그가 없이는 된 것이 없느니라"과 히브리서 1:10 "10. 또 주여 태초에 주께서 땅의 기초를 두셨으며 하늘도 주의 손으로 지으신 바라"에도 똑같은 언급이 있다. 더 나아가 창조 사역에 있어 성령 또한 활동하셨음을 지적해 주는 듯한 구절들도 있다.

창세기 1:2 "2. 땅이 혼돈하고 공허하며 흑암이 깊음 위에 있고 하나님의 영은 수면 위에 운행하시니라";

욥기 26:13 "13. 그의 입김으로 하늘을 맑게 하시고 손으로 날렵한 뱀을 무찌르시나니";

시편 104:30 "30. 주의 영을 보내어 그들을 창조하사 지면을 새롭게 하시나이다";

이사야 40:12-13 "12. 누가 손바닥으로 바닷물을 헤아렸으며 뼘으로 하늘을 쟀으며 땅의 티끌을 되에 담아 보았으며 접시 저울로 산들을, 막대 저울로 언덕들을 달아 보았으랴 13. 누가 여호와의 영을 지도하였으며 그의 모사가 되어 그를 가르쳤으랴"등이 이에 해당한다.

그러나 그 가운데 어떤 경우는 그러한 언급이 직접적으로 성령을 가리키는 것인지 아니면 성부께서 그의 숨으로 역사하시는 것을 가리키는 것인지를 결정하기는 어렵다.

왜냐하면 이에 해당하는 히브리어 단어인 루아흐가 두 가지 의미로 다 사용될 수 있기 때문이다.

창조 사역을 성부와 성자와 성령의 사역이라고 말하는 것과 삼위의 각 하나님은 자신들만의 구별된 사역이 있다고 주장하는 것은 서로 상충되는 것으로 여겨질 수도 있다.

그러나 우리가 오직 하나의 방식으로만 원인자를 생각하려 하지 않는다면, 그것은 전혀 문제가 되지 않는다.

집이 세워질 때, 누가 실제로 이 집을 세웠는가? 어떤 의미에서 그 집을 세운 사람은 그 집을 설계하고 세울 계획을 짠 건축가일 것이다.

그러나 또 다른 의미에서 그 계획을 실제로 실행에 옮긴 사람은 공사 청부인이다.

그런가 하면 실제로 그 집을 세운 사람은 건축 노동자들이다.

그러나 어떤 의미에서는 비록 집주인이 못 하나 박지 않았다 할지라도 분명히 그 집을 지은 사람은 집주인이다.

왜냐하면 그는 건축허가대장에 서명하였고 다달이 대금을 지급할 것이기 때문이다.

각 사람은 서로 다른 방식에서 그 집 건축의 원인자인 것이다.

이와 같은 진술이 창조 사역에 대해서도 적용될 수 있다.

성경에서는 모든 피조세계를 존재케 하신 분이 성부 하나님이라고 말하고 있는 것처럼 보인다.

그러나 그것의 모양과 그 설계의 세부 사항들을 실행하신 분은 성령과 성자 예수님이셨다.

창조는 성부 하나님께로부터 존재케 되었지만, 그것은 성자 예수님을 통해서 그리고 성령님에 의해서 존재케 된 것이다.

5. 창조의 목적: 하나님의 영광

하나님께서는 창조하실 필요가 없으셨지만 선하고 충분한 이유를 가지고 그렇게 하신 것이다.

하나님은 실체들을 존재케 하기 위한 목적을 가지고 계셨다. 그리고 창조 세계는 하나님의 그러한 목적을 성취시키고 있다.

특히 창조 세계는 하나님의 뜻을 수행함으로써 하나님을 영화롭게 한다. 생명이 없는 피조 세계도 하나님을 영화롭게 하며(시 19:1), 생명 있는 피조물들은 자신들을 향한 하나님의 계획에 순종한다.

우리는 요나의 이야기를 통해 이러한 사실을 보다 생생하게 목격할 수 있다.

요나를 제외한 모든 사람들과 모든 것, 예를 들면, 폭풍, 주사위, 선원들, 큰 물고기, 니느웨 사람들, 동풍, 박넝쿨, 그리고 벌레 등이 모두 하나님의 뜻과 계획에 복종했다.

피조 세계의 각 부분은 그것에 대한 하나님의 목적을 성취할 수 있는데, 각각은 서로 다른 방식으로 그 일을 수행한다.

생명이 없는 피조 세계는 기계적으로 그 일을 수행하되, 물질 세계를 지배하는 자연법칙들에 순응하면서 그렇게 한다.

생명체들은 직감적으로 내적 충동들에 반응하면서 그렇게 한다.

인간만이 의식적으로 그리고 의지적으로 하나님께 순종할 수 있으며 그래서 가장 온전하게 하나님께 영광을 돌리게 되는 것이다.

6. 창조론의 신학적 의미

이제 우리가 살펴보고자 하는 것은 창조론의 신학적 의미이다.

실제로 이 가르침이 확증적으로 보여 주는 것은 무엇인가?

그리고 아마도 우리의 목적을 위해 매우 중요한 질문이라고 생각되는 것은 '무엇이 거부되는가 혹은 모순되는가?' 하는 것이다.

1) 창조론이 최우선적으로 그리고 분명하게 말하고 있는 사실은 하

나님 이외의 존재하는 모든 것들이 하나님으로부터 존재하게 되었다는 것이다.

달리 말하면, 하나님 이외의 어떤 다른 궁극적인 실체가 존재한다는 생각은 거부된다.

이원론의 여지란 전혀 찾아볼 수 없다. 이원론 안에는 용어자체가 말해 주듯이 두 개의 궁극적인 원리가 있다.

이원론의 한 가지 형태 안에는 주, 즉 창조주와 조물주 되시는 분이 계시고, 다른 한편에는 창조주가 사용하시는 것, 즉 그분이 작업하시는 것, 창조하실 때 사용하시는 재료들이 있다는 것이다. 그러나 이것은 기독교가 말하는 창조론이 아니다.

하나님께서는 이미 존재하고 있었던 어떤 것을 가지고 일하시지 않으셨다.

그분은 자신이 사용하시는 바로 그 원재료도 만드셨다. 만일 그것이 사실이 아니라면, 하나님은 실제로 무한하신 분이 아닌 것이다.

2) 하나님의 창조의 처음 행위는 독특한 것이다.

그것은 손으로 재료를 이용하여 자신이 원하는 것을 만드는 인간들의 '창조적' 행위와는 전혀 다른 것이었다.

예술가는 예술작품들을 만들 때, 예를 들면 유화 물감의 반사하는 특성 등 자신이 사용하는 매개체의 한계들 아래서 작업할 수밖에 없다.

더욱이 예술가들이 표현하고자 하는 개념들조차도 그들의 이전의 경험을 바탕으로 하는 것이다.

그들의 작품은 그들이 직접 경험하였던 것에서 얻어낸 개념을 표현하는 것이거나 혹은 이전에 경험하였던 요소들을 하나로 모아 어떤 새로운 것을 창출해 내는 것이다.

참으로 기발한 개념, 다시 말해 전혀 새롭고 신선한 개념이란 실상은 매우 드물다.

그러나 하나님은 자신 이외의 어떠한 외부적인 것들에 의해서도 구속받지 않는다.

하나님의 유일한 한계는 자신의 본성으로 말미암은 것과 그가 내린 선택들일 뿐이다.

3) 창조론은 또한 만들어진 어떤 것도 본질적으로 악하지 않다는 것을 의미한다.

모든 것은 하나님께로부터 만들어졌고 창조 기사는 '보시기에 좋았더라'는 말을 다섯 번씩이나 하고 있다(창 1:10 "10. 하나님이 뭍을 땅이라 부르시고 모인 물을 바다라 부르시니 하나님이 보시기에 좋았더라",

창 1:12 "12. 너희가 내 앞에 보이러 오니 이것을 누가 너희에게 요구하였느냐 내 마당만 밟을 뿐이니라",

창 1:18 "18. 낮과 밤을 주관하게 하시고 빛과 어둠을 나뉘게 하시니 하나님이 보시기에 좋았더라",

창 1:21 "21. 하나님이 큰 바다 짐승들과 물에서 번성하여 움직이는 모든 생물을 그 종류대로, 날개 있는 모든 새를 그 종류대로 창조하시니 하나님이 보시기에 좋았더라",

창 1:25 "25. 하나님이 땅의 짐승을 그 종류대로, 가축을 그 종류대로, 땅에 기는 모든 것을 그 종류대로 만드시니 하나님이 보시기에 좋았더라").

그리고 나서 하나님께서 인간 창조를 마치셨을 때는, 자신이 만든 모든 것을 보시고 '심히 좋았더라'고 말씀하셨다(31절).

하나님께서 창조하신 처음의 피조 세계 안에는 악한 것이 없었다.

어떠한 형태의 이원론이든 보다 차원이 높은 원리들이나 요소들과 차원이 낮은 원리들이나 요소들을 도덕적으로 구분하려는 경향이 있다.

보다 차원이 높은 영역은 신적이고 보다 차원이 낮은 영역은 그렇지 않기 때문에, 전자는 후자보다 더 실재적인 것으로 여겨진다.

결국 이러한 형이상학적 차이는 도덕적인 차이로 여겨지는 경향이 있다.

다시 말해, 보다 차원이 높은 것은 선하고 보다 저급한 것은 악하다는 것이다.

그러나 만일 보다 실체가 존재하게 된 것이 하나님께로 말미암은 것이라면,

그리고 하나님께서 만드신 것들이 모두 "선한" 것들이었다면, 우리는 물질 것들을 본질적으로 그리고 내재적으로 악한 것이라고 생각할 수 없다.

4) 창조론은 또한 인간에게 책임을 지게 한다.

인간은 물질 세계의 악한 영역을 비난함으로써 자신의 악한 행동을 정당화시킬 수 없다.

물질 세계가 본질적으로 악한 것은 아니다. 인간의 죄는 자신의 자유를 누리는 가운데 발생하는 결과임에 틀림없다.

인간은 또한 사회를 탓할 수도 없다. 인간 사회 역시 하나님께서 만드신 것의 일부분으로 매우 선한 것이다.

그러므로 사회를 악을 저지르게 하는 원인자로 생각하는 것은 옳지 못한 발상일 뿐 아니라 진상을 오도하고 자신을 합리화하려는 음모에 불과한 것이다.

5) 창조론은 또한 그리스도의 성육신을 경시하는 태도를 방지해 준

다. 만일 물질 세계가 어느 정도 본질적으로 악하다면, 삼위 가운데 제2위 이신 분이 육신의 몸을 가진 인간의 모습으로 이 땅에 오셨다는 사실을 받아 들인다는 것은 매우 어려운 일이다.

그러나 우리가 하나님께서 만드신 모든 것은 선하다는 창조론에 대한 바른 이해를 가지고 있다면, 예수 그리스도께서 육신의 몸으로 이 땅에 오셨다는, 즉 성육신의 온전한 의미를 확실히 파악할 수 있을 것이다.

6) 창조론은 또한 우리로 금욕주의에 빠지지 않게 해 준다. 육체적 본성이 악하다고 믿는 것은 기독교인을 포함하여 그런 생각을 가진 이들로 하여금 인간의 신체나 어떠한 형태의 육체적인 만족도 회피하게 한다.

그런 사람들은 보다 신적인 영이야말로 선하고 거룩한 사람들의 고유 영역이라고 생각한다.

따라서 그들은 명상에 힘쓰며, 엄격한 절식과 성욕의 억제가 영성의 조건이라고 생각한다.

그러나 창조론은 존재하는 모든 것은 하나님께서 만드셨고 그 모든 것은 선하게 창조되었다고 말한다.

따라서 그것들은 구원받을 수 있는 것들이다.

구원과 영성은 물질적인 영역을 회피하거나 그런 것들로부터 도망함으로써가 아니라 그런 것들을 거룩하게 함으로써 발견되는 것이다.

7) 만일 피조 세계의 모든 것이 하나님에 의해 만들어졌다면, 피조 세계의 여러 부분들 사이에는 연계성과 유사성이 존재할 것이다.

나는 세상 다른 모든 사람의 형제가 되는데, 이와 같은 하나님께서 나와 다른 모든 사람들을 창조하셨고 돌보시기 때문이다.

생명이 없는 물질들도 하나님께로 말미암은 것이므로 나는 근본적으로 자연과 하나인 것이다. 왜냐하면 우리 모두는 같은 가족의 구성원들이기 때문이다.

8) 창조론은 어떠한 형태의 이원론도 배제하지만, 세상이 하나님께로부터 유출된 것이라 생각하는 일원론도 또한 배제한다.

일원론의 입장에서 보면, 우리가 가지고 있는 하나님의 본성으로부터 유출된 것, 다시 말해 하나님의 실체로부터 분리된 그의 일부인 것이다.

이러한 유출체를 여전히 신적인 것으로 간주하려는 경향이 있는데, 그 결과 그러한 견해는 대개 범신론의 형태를 취한다.

여기서 생각되는 것은 존재의 시작이라기보다는 오히려 신분의 변화인 것이다.

무로부터 모든 것이 창조되었다는 기독교의 창조론은 이러한 모든 것을 거부한다.

세상의 개별적인 요소들은 그들의 창조자이신 하나님께 의존하는 진정한 피조물들이다.

그들은 하나님과 확실히 구별된(즉, 그들은 하나님의 본성에서 유출된 것이 아닌)유한한 의존적인 피조물들이다.

9) 더 나아가 창조론은 피조물의 본질적인 한계성을 지적해 준다.

어떤 피조물이나 피조물들의 연합도 하나님과 동등하게 될 수 없다.

그러므로 자연을 숭배하거나 인간을 숭배하는 것과 같은 우상숭배를 정당화할 어떠한 근거도 존재하지 않는다.

하나님은 유일한 신분을 소유하고 계시기에 그분만이 경배를 받으셔야 한다(출 20:2-3).

우리는 때때로 우주 안에 있는 엄청난 형이상학적 차이를 인간과 다른 피조물들 사이에 존재하는 양적인 차이 정도로 생각한다.

그러나 사실은 이 엄청난 형이상학적 차이는 양적이면서 동시에 질적인 것으로, 한편으로는 하나님과 다른 한편으로는 그 밖의 다른 모든 피조물들과의 사이에서 나타난다.

하나님만이 경배와 찬양과 순종의 대상이 되어야 한다.

다른 모든 존재들은 그분에게 그러한 순종의 행위들을 드러내야 할 주체들이 되어야 한다.

6부
하나님의 계획

1. 성경의 가르침

1) 구약성경의 가르침

구약성경에 나타나는 하나님의 계획하시며 작정하시는 사역은 여호와 하나님께서 그의 백성들과 맺으신 언약과 매우 깊이 연관되어 있다.

하나님께서 친히 그의 백성들을 택하시고 돌보시면서 행하신 모든 일을 읽어 보면, 하나님에 대한 두 가지 진리가 나타난다. 하나는 하나님께서는 존재하는 모든 것들을 창조하시고, 보존하시는 분으로 최고의 능력을 가지신 분이라는 것이고, 다른 하나는 사랑하시고 돌보시는 하나님의 인격적인 성품이다.

하나님은 단지 추상적인 능력이 아니며, 사랑하는 성품을 가진 분으로 여겨진다.

구약성경 저자들에게 있어, 어떤 일이 하나님의 뜻이나 역사하심과는 무관하게 일어날 수 있다는 것은 사실상 생각할 수도 없는 일이었다. 이에 대한 증거로 구약성경에는 "비가 내렸다"와 같은 일반적인 비인칭 표현들이 없다는 사실을 생각해 보라. 히브리인들에게 있어 비는 단순히 우연찮게 내리는 것이 아니었다.

하나님께서 비를 내리신 것이었다. 그들은 하나님을 이 땅에서 일어나는 모든 일들을 결정하시는 전능하신 분으로 보았다.

예를 들면, 하나님께서는 앗수르 왕에 의해서 자행된 파괴에 대해 언급하셨다.

"네가 어찌 듣지 못하였겠느냐 이 일들은 내가 태초부터 행한 바요 상고부터 정한 바로서 이제 내가 이루어 너로 견고한 성을 헐어 돌무더기가 되게 하였노라"(사 37:26).

저수지를 만드는 것과 같이 외적으로 보면 지극히 사소한 것까지도

오래 전에 계획되었던 것으로 묘사되고 있다(사 22:11

"11. 너희가 또 옛 못의 물을 위하여 두 성벽 사이에 저수지를 만들었느니라 그러나 너희가 이를 행하신 이를 앙망하지 아니하였고 이 일을 옛적부터 경영하신 이를 공경하지 아니하였느니라").

더 나아가 하나님의 계획 안에는 이스라엘 민족의 행복과 하나님의 모든 자녀들의 행복한 관한 특별한 관심이 있다는 사실도 보게 된다

(시 27:10-11 "10. 내 부모는 나를 버렸으나 여호와는 나를 영접하시리이다

11. 여호와여 주의 도를 내게 가르치시고 내 원수를 생각해서서 평탄한 길로 나를 인도하소서";

37편
"1. 악을 행하는 자들 때문에 불평하지 말며 불의를 행하는 자들을 시기하지 말지어다

2. 그들은 풀과 같이 속히 베임을 당할 것이며 푸른 채소 같이 쇠잔할 것임이로다

3. 여호와를 의뢰하고 선을 행하라 땅에 머무는 동안 그의 성실을 먹을 거리로 삼을지어다 4. 또 여호와를 기뻐하라 그가 네 마음의 소원을 네게 이루어 주시리로다

5. 네 길을 여호와께 맡기라 그를 의지하면 그가 이루시고

6. 네 의를 빛 같이 나타내시며 네 공의를 정오의 빛 같이 하시리로다

7. 여호와 앞에 잠잠하고 참고 기다리라 자기 길이 형통하며 악한 꾀를 이루는 자 때문에 불평하지 말지어다

8. 분을 그치고 노를 버리며 불평하지 말라 오히려 악을 만들 뿐이라

9. 진실로 악을 행하는 자들은 끊어질 것이나 여호와를 소망하는 자들은 땅을 차지하리로다

10. 잠시 후에는 악인이 없어지리니 네가 그곳을 자세히 살필지라도 없으리로다

11. 그러나 온유한 자들은 땅을 차지하며 풍성한 화평으로 즐거워하리로다

12. 악인이 의인 치기를 꾀하고 그를 향하여 그의 이를 가는도다

13. 그러나 주께서 그를 비웃으시리니 그의 날이 다가옴을 보심이로다

14. 악인이 칼을 빼고 활을 당겨 가난하고 궁핍한 자를 엎드러뜨리며 행위가 정직한 자를 죽이고자 하나

15. 그들의 칼은 오히려 그들의 양심을 찌르고 그들의 활은 부러지리로다

16. 의인의 적은 소유가 악인의 풍부함보다 낫도다

17. 악인의 팔은 부러지나 의인은 여호와께서 붙드시는도다

18. 여호와께서 온전한 자의 날을 아시나니 그들의 기업은 영원하리로다

19. 그들은 환난 때에 부끄러움을 당하지 아니하며 기근의 날에도 풍족할 것이나

20. 악인들은 멸망하고 여호와의 원수들은 어린 양의 기름 같이 타서 연기가 되어 없어지리로다

21. 악인은 꾸고 갚지 아니하나 의인은 은혜를 베풀고 주는도다

22. 주의 복을 받은 자들은 땅을 차지하고 주의 저주를 받은 자들은 끊어지리로다

23. 여호와께서 사람의 걸음을 정하시고 그의 길을 기뻐하시나니

24. 그는 넘어지나 아주 엎드러지지 아니함은 여호와께서 그의 손으로 붙드심이로다

25. 내가 어려서부터 늙기까지 의인이 버림을 당하거나 그의 자손이 걸식함을 보지 못하였도다

26. 그는 종일토록 은혜를 베풀고 꾸어 주니 그의 자손이 복을 받는도다

27. 악에서 떠나 선을 행하라 그리하면 영원히 살리니

28. 여호와께서 정의를 사랑하시고 그의 성도를 버리지 아니하심이로다 그들은 영원히 보호를 받으나 악인의 자손은 끊어지리로다

29. 의인이 땅을 차지함이여 거기서 영원히 살리로다

30. 의인의 입은 지혜로우며 그의 혀는 정의를 말하며

31. 그의 마음에는 하나님의 법이 있으니 그의 걸음은 실족함이 없으리로다

32. 악인이 의인을 엿보아 살해할 기회를 찾으나

33. 여호와는 그를 악인의 손에 버려 두지 아니하시고 재판 때에도 정죄하지 아니하시리로다

34. 여호와를 바라고 그의 도를 지키라 그리하면 네가 땅을 차지하게 하실 것이라 악인이 끊어질 때에 네가 똑똑히 보리로다

35. 내가 악인의 큰 세력을 본즉 그 본래의 땅에 서 있는 나무 잎이 무성함과 같으나

36. 내가 지나갈 때에 그는 없어졌나니 내가 찾아도 발견하지 못하였도다

37. 온전한 사람을 살피고 정직한 자를 볼지어다 모든 화평한 자의 미래는 평안이로다

38. 범죄자들은 함께 멸망하리니 악인의 미래는 끊어질 것이나

39. 의인들의 구원은 여호와로부터 오나니 그는 환난 때에 그들의 요새이시로다

40. 여호와께서 그들을 도와 건지시되 악인들에게서 건져 구원하심은 그를 의지한 까닭이로다" ;

65:3 "3. 죄악이 나를 이겼사오니 우리의 허물을 주께서 사하시리이다";

91편;

"1. 지존자의 은밀한 곳에 거주하며 전능자의 그늘 아래에 사는 자여,

2. 나는 여호와를 향하여 말하기를 그는 나의 피난처요 나의 요새요 내가 의뢰하는 하나님이라 하리니

3. 이는 그가 너를 새 사냥꾼의 올무에서와 심한 전염병에서 건지실 것임이로다

4. 그가 너를 그의 깃으로 덮으시리니 네가 그의 날개 아래에 피하리로다 그의 진실함은 방패와 손 방패가 되시나니

5. 너는 밤에 찾아오는 공포와 낮에 날아드는 화살과

6. 어두울 때 퍼지는 전염병과 밝을 때 닥쳐오는 재앙을 두려워하지 아니하리로다

7. 천 명이 네 왼쪽에서, 만 명이 네 오른쪽에서 엎드러지나 이 재앙이 네게 가까이 하지 못하리로다

8. 오직 너는 똑똑히 보리니 악인들의 보응을 네가 보리로다

9. 네가 말하기를 여호와는 나의 피난처시라 하고 지존자를 너의 거처로 삼았으므로

10. 화가 네게 미치지 못하며 재앙이 네 장막에 가까이 오지 못하리니

11. 그가 너를 위하여 그의 천사들을 명령하사 네 모든 길에서 너를 지키게 하심이라

12. 그들이 그들의 손으로 너를 붙들어 발이 돌에 부딪히지 아니하게 하리로다

13. 네가 사자와 독사를 밟으며 젊은 사자와 뱀을 발로 누르리로다

14. 하나님이 이르시되 그가 나를 사랑한즉 내가 그를 건지리라 그가 내 이름을 안즉 내가 그를 높이리라

15. 그가 내게 간구하리니 내가 그에게 응답하리라 그들이 환난 당할 때에 내가 그와 함께 하여 그를 건지고 영화롭게 하리라

16. 내가 그를 장수하게 함으로 그를 만족하게 하며 나의 구원을 그에게 보이리라 하시도다"

121편;
"1. 내가 산을 향하여 눈을 들리라 나의 도움이 어디서 올까
2. 나의 도움은 천지를 지으신 여호와에게서로다
3. 여호와께서 너를 실족하지 아니하게 하시며 너를 지키시는 이가 졸지 아니하시리로다
4. 이스라엘을 지키시는 이는 졸지도 아니하시고 주무시지도 아니하시리로다
5. 여호와는 너를 지키시는 이시라 여호와께서 네 오른쪽에서 네 그늘이 되시나니
6. 낮의 해가 너를 상하게 하지 아니하며 밤의 달도 너를 해치지 아니하리로다
7. 여호와께서 너를 지켜 모든 환난을 면하게 하시며 또 네 영혼을 지키시리로다
8. 여호와께서 너의 출입을 지금부터 영원까지 지키시리로다"

139:16 "16. 내 형질이 이루어지기 전에 주의 눈이 보셨으며 나를 위하여 정한 날이 하루도 되기 전에 주의 책에 다 기록이 되었나이다";

단 12:1 "1. 그 때에 네 민족을 호위하는 큰 군주 미가엘이 일어날 것이요 또 환난이 있으리니 이는 개국 이래로 그 때까지 없던 환난일 것이며 그 때에 네 백성 중 책에 기록된 모든 자가 구원을 받을 것이라";

욘 3:5 "5. 니느웨 사람들이 하나님을 믿고 금식을 선포하고 높고 낮

은 자를 막론하고 굵은 베 옷을 입은지라").

구약성경은 또한 하나님의 계획의 효력에 대한 믿음을 분명히 밝히고 있다.

지금 일어나고 있는 일들은 그것이 하나님의 계획의 일부이기(그리고 일부이었기) 때문에 그렇게 되고 있는 것이다.

하나님께서는 자신이 약속하신 바를 반드시 이루실 것이다.

사실 이사야 14:24-27

"24. 만군의 여호와께서 맹세하여 이르시되 내가 생각한 것이 반드시 되며 내가 경영한 것을 반드시 이루리라

25. 내가 앗수르를 나의 땅에서 파하며 나의 산에서 그것을 짓밟으리니 그 때에 그의 멍에가 이스라엘에게서 떠나고 그의 짐이 그들의 어깨에서 벗어질 것이라

26. 이것이 온 세계를 향하여 정한 경영이며 이것이 열방을 향하여 편 손이라 하셨나니

27. 만군의 여호와께서 경영하셨은즉 누가 능히 그것을 폐하며 그의 손을 펴셨은즉 누가 능히 그것을 돌이키랴"에서 우리는 하나님께서 공언하신 목적에 대한 그의 신실하심뿐만 아니라, 그것을 거역하는 것이 얼마나 부질없는 짓인지도 읽는다.

"만군의 여호와께서 경영하셨은즉 누가 능히 그것을 폐하며 그 손을 펴셨은즉 누가 능히 그것을 돌이키랴?"(27절. 비교.

욥 42:2 "2. 주께서는 못 하실 일이 없사오며 무슨 계획이든지 못 이루실 것이 없는 줄 아오니";

렘 23:20 "20. 여호와의 진노가 내 마음의 뜻하는 바를 행하여 이루기까지는 그치지 아니하나니 너희가 끝날에 그것을 완전히 깨달으리라";

슥 1:6 "6. 내가 나의 종 선지자들에게 명령한 내 말과 내 법도들이 어

찌 너희 조상들에게 임하지 아니하였느냐 그러므로 그들이 돌이켜 이르기를 만군의 여호와께서 우리 길대로, 우리 행위대로 우리에게 행하시려고 뜻하신 것을 우리에게 행하셨도다 하였느니라")

하나님의 목적의 전포괄적인 성격이 가장 두드러지게 나타나는 곳은 지혜서와 선지서이다.

하나님께서는 태초부터, 즉 영원 전부터 전실체를 포함하여 심지어 인생의 지극히 작은 일까지 포괄하는 전포괄적인 계획을 가지고 계시다.

"여호와께서 온갖 것을 그 쓰임에 적당하게 지으셨나니 악인도 악한 날에 적당하게 하셨느니라"(잠 16:4; 비교.

잠 3:19-20

"19. 여호와께서는 지혜로 땅에 터를 놓으셨으며 명철로 하늘을 견고히 세우셨고

20. 그의 지식으로 깊은 바다를 갈라지게 하셨으며 공중에서 이슬이 내리게 하셨느니라";

욥 38장 특히 4절 "4. 내가 땅의 기초를 놓을 때에 네가 어디 있었느냐 네가 깨달아 알았거든 말할지니라";

사 40:12 "12. 누가 손바닥으로 바닷물을 헤아렸으며 뼘으로 하늘을 쟀으며 땅의 티끌을 되에 담아 보았으며 접시 저울로 산들을, 막대 저울로 언덕들을 달아 보았으랴";

렘 10:12-13

"12. 여호와께서 그의 권능으로 땅을 지으셨고 그의 지혜로 세계를 세우셨고 그의 명철로 하늘을 펴셨으며

13. 그가 목소리를 내신즉 하늘에 많은 물이 생기나니 그는 땅 끝에서

구름이 오르게 하시며 비를 위하여 번개치게 하시며 그 곳간에서 바람을 내시거늘").

하나님께서 우리의 삶 가운데서 자신의 목적을 이루어 나가시는 것을 우리가 항상 이해할 수 있는 것은 아니다.

이것이 바로 욥기 전체에 나타나는 욥의 경험이었다. 이것은 특별히 욥 42:3에서 분명히 드러난다.

"무지한 말로 이치를 가리우는 자가 누구니이까 내가 스스로 깨달을 수 없는 일을 말하였고 스스로 알 수 없고 헤아리기 어려운 일을 말하였나이다."

이처럼 구약의 신자들의 관점에서 보면, 하나님께서는 세상을 창조하셨고 역사를 주관하시는데, 이 모든 것은 영원 전에 준비된 그리고 그의 백성들과의 교제와 관련된 계획을 펼치시는 것에 불과한 것이다.

2. 신약성경의 가르침

하나님의 계획과 목적은 신약성경에서도 두드러지게 나타난다.

예수님은 하나님께서 예루살렘의 함락과 파괴와 같은 크고 복잡한 일 (눅 21:20-22 "20. 너희가 예루살렘이 군대들에게 에워싸이는 것을 보거든 그 멸망이 가까운 줄을 알라

21. 그 때에 유대에 있는 자들은 산으로 도망갈 것이며 성내에 있는 자들은 나갈 것이며 촌에 있는 자들은 그리로 들어가지 말지어다

22. 이 날들은 기록된 모든 것을 이루는 징벌의 날이니라") 뿐만 아니라 유다의 변절과 배반 그리고 남은 제자들의 신실성과 같은 세밀한 일

들까지도 계획하셨다는 것을 확증하셨다(마 26:24 "24. 인자는 자기에 대하여 기록된 대로 가거니와 인자를 파는 그 사람에게는 화가 있으리로다 그 사람은 차라리 태어나지 아니하였더라면 제게 좋을 뻔하였느니라";

막 14:21 "21. 종이 돌아와 주인에게 그대로 고하니 이에 집 주인이 노하여 그 종에게 이르되 빨리 시내의 거리와 골목으로 나가서 가난한 자들과 몸 불편한 자들과 맹인들과 저는 자들을 데려오라 하니라";

눅 22:22 "22. 인자는 이미 작정된 대로 가거니와 그를 파는 그 사람에게는 화가 있으리로다 하시니";

요 17:12 "12. 내가 그들과 함께 있을 때에 내게 주신 아버지의 이름으로 그들을 보전하고 지키었나이다 그 중의 하나도 멸망하지 않고 다만 멸망의 자식뿐이오니 이는 성경을 응하게 함이니이다";

요 18:9 "9. 이는 아버지께서 내게 주신 자 중에서 하나도 잃지 아니하였사옵나이다 하신 말씀을 응하게 하려 함이러라").

하나님의 계획과 구약성경에 나타난 예언의 성취는 마태복음(1:22 "22. 이 모든 일이 된 것은 주께서 선지자로 하신 말씀을 이루려 하심이니 이르시되";

마 2:15 "15. 헤롯이 죽기까지 거기 있었으니 이는 주께서 선지자를 통하여 말씀하신 바 애굽으로부터 내 아들을 불렀다 함을 이루려 하심이라";

마 2:23 "23. 나사렛이란 동네에 가서 사니 이는 선지자로 하신 말씀에 나사렛 사람이라 칭하리라 하심을 이루려 함이러라";

마 4:14 "14. 이는 선지자 이사야를 통하여 하신 말씀을 이루려 하심이라 일렀으되";

마 8:17 "17. 이는 선지자 이사야를 통하여 하신 말씀에 우리의 연약한 것을 친히 담당하시고 병을 짊어지셨도다 함을 이루려 하심이더라";

마 12:17 "17. 이는 선지자 이사야를 통하여 말씀하신 바";

마 13:35 "35. 이는 선지자를 통하여 말씀하신 바 내가 입을 열어 비유로 말하고 창세부터 감추인 것들을 드러내리라 함을 이루려 하심이라";

마 21:4 "4. 이는 선지자를 통하여 하신 말씀을 이루려 하심이라 일렀으되";

마 26:56 "56. 그러나 이렇게 된 것은 다 선지자들의 글을 이루려 함이니라 하시더라 이에 제자들이 다 예수를 버리고 도망하니라")과 요한복음(12:38 "38. 이는 선지자 이사야의 말씀을 이루려 하심이라 이르되 주여 우리에게서 들은 바를 누가 믿었으며 주의 팔이 누구에게 나타났나이까 하였더라";

마 19:24 "24. 군인들이 서로 말하되 이것을 찢지 말고 누가 얻나 제비 뽑자 하니 이는 성경에 그들이 내 옷을 나누고 내 옷을 제비 뽑나이다 한 것을 응하게 하려 함이러라 군인들은 이런 일을 하고",
마 19:28 "28. 그 후에 예수께서 모든 일이 이미 이루어진 줄 아시고 성경을 응하게 하려 하사 이르시되 내가 목마르다 하시니",
마 19:36 "36. 이 일이 일어난 것은 그 뼈가 하나도 꺾이지 아니하리라 한 성경을 응하게 하려 함이라")의 두드러진 주제이다.

비평가들은 이러한 예언들 중의 일부는 그 내용에 대해서 이미 알고 있고 그래서 그것들이 성취되는 일에 상당한 관심을 가질 수 있었던 이들에 의해 성취되었을 뿐이라고 말하며 반대할 수도 있다(예를 들면, 예수님은 "내가 목마르다"<요 19:28 "28. 그 후에 예수께서 모든 일이 이미 이루어진 줄 아시고 성경을 응하게 하려 하사 이르시되 내가 목마르다 하시니">라고 말하면서 시편 69:21 "21. 그들이 쓸개를 나의 음식물로 주며 목마를 때에는 초를 마시게 하였사오니"을 성취시키셨다).

그렇지만 다른 예언들은 그것을 성취하는 일에 전혀 관심이 없고 심지어 그 내용들을 전혀 모르는 이들에 의해 성취되었다는 사실은 주목할 만하다.

예수님의 옷을 얻기 위해 제비 뽑고 그의 뼈를 꺾지 않았던 로마병정들이 바로 그런 경우에 속한다.

예수님은 심지어 성취될 특별한 예언이 없는 곳에서도 미래의 사건들에 관하여 필연성의 의미를 말씀하셨다.

예를 들면, 예수님이 제자들에게 이렇게 말씀하셨다. "난리와 난리 소문을 들을 때에 두려워 말라 이런 일이 있어야 하되 끝은 아직 아니니라…또 복음이 먼저 만국에 전파되어야 할 것이니라"(막 13:7, 10).

사도들 역시 하나님의 목적을 매우 강조하였다. 베드로는 그의 오순절 설교에서 "그가 하나님의 정하신 뜻과 미리 아신 대로 내어 준 바 되었거늘 너희가 법 없는 자들의 손을 빌어 못박아 죽였다" (행 2:23)라고 말하였다.

요한계시록을 쓰면서 사도 요한은 우리에게 하나님의 계획에 대한 놀라운 믿음의 예를 보여 준다.

책 전체에 퍼져 있는 확신, 거기에 예언되어 있는 모든 사건들은 하나님의 계획과 작정에 대한 믿음에서 나오게 된 것이다.

하나님의 계획에 의해 모든 일이 일어난다는 사실이 가장 잘 나타나는 곳은 바울 서신들이다.

일어나는 모든 일들은 하나님의 결정과 그의 뜻에 따른 것이다

(고전 12:18 "18. 그러나 이제 하나님이 그 원하시는 대로 지체를 각각 몸에 두셨으니";

고전 15:38 "38. 하나님이 그 뜻대로 그에게 형체를 주시되 각 종자에게 그 형체를 주시느니라";

골 1:19 "19. 아버지께서는 모든 충만으로 예수 안에 거하게 하시고").

민족의 운명 자체도 하나님에 의해 결정된다(행 17:26 "26. 인류의 모든 족속을 한 혈통으로 만드사 온 땅에 살게 하시고 그들의 연대를 정하시며 거주의 경계를 한정하셨으니").

하나님의 구속 사역은 하나님께서 의도하신 목적을 따라 전개된다

(갈 3:8 "8. 또 하나님이 이방을 믿음으로 말미암아 의로 정하실 것을 성경이 미리 알고 먼저 아브라함에게 복음을 전하되 모든 이방인이 너로 말미암아 복을 받으리라 하였느니라";

갈 4:4-5 "4. 때가 차매 하나님이 그 아들을 보내사 여자에게서 나게 하시고 율법 아래에 나게 하신 것은

5. 율법 아래에 있는 자들을 속량하시고 우리로 아들의 명분을 얻게 하려 하심이라").

개인과 민족을 자기의 소유로 택하신 것과 그 후에 계속해서 일어나는 사건들은 하나님의 주권적인 행하심이다(롬 9-11장).

로마서 9장

"1-2. 내가 그리스도 안에서 참말을 하고 거짓말을 아니하노라 나에게 큰 근심이 있는 것과 마음에 그치지 않는 고통이 있는 것을 내 양심이 성령 안에서 나와 더불어 증언하노니

3. 나의 형제 곧 골육의 친척을 위하여 내 자신이 저주를 받아 그리스도에게서 끊어질지라도 원하는 바로라

4. 그들은 이스라엘 사람이라 그들에게는 양자 됨과 영광과 언약들과 율법을 세우신 것과 예배와 약속들이 있고

5. 조상들도 그들의 것이요 육신으로 하면 그리스도가 그들에게서 나셨으니 그는 만물 위에 계셔서 세세에 찬양을 받으실 하나님이시니라 아멘

6. 그러나 하나님의 말씀이 폐하여진 것 같지 않도다 이스라엘에게서 난 그들이 다 이스라엘이 아니요

7. 또한 아브라함의 씨가 다 그의 자녀가 아니라 오직 이삭으로부터 난 자라야 네 씨라 불리리라 하셨으니

8. 곧 육신의 자녀가 하나님의 자녀가 아니요 오직 약속의 자녀가 씨로 여기심을 받느니라

9. 약속의 말씀은 이것이니 명년 이 때에 내가 이르리니 사라에게 아들이 있으리라 하심이라

10. 그뿐 아니라 또한 리브가가 우리 조상 이삭 한 사람으로 말미암아 임신하였는데

11. 그 자식들이 아직 나지도 아니하고 무슨 선이나 악을 행하지 아니한 때에 택하심을 따라 되는 하나님의 뜻이 행위로 말미암지 않고 오직 부르시는 이로 말미암아 서게 하려 하사

12. 리브가에게 이르시되 큰 자가 어린 자를 섬기리라 하셨나니

13. 기록된 바 내가 야곱은 사랑하고 에서는 미워하였다 하심과 같으니라

14. 그런즉 우리가 무슨 말을 하리요 하나님께 불의가 있느냐 그럴 수

없느니라

15. 모세에게 이르시되 내가 긍휼히 여길 자를 긍휼히 여기고 불쌍히 여길 자를 불쌍히 여기리라 하셨으니

16. 그런즉 원하는 자로 말미암음도 아니요 달음박질하는 자로 말미암음도 아니요 오직 긍휼히 여기시는 하나님으로 말미암음이니라

17. 성경이 바로에게 이르시되 내가 이 일을 위하여 너를 세웠으니 곧 너로 말미암아 내 능력을 보이고 내 이름이 온 땅에 전파되게 하려 함이라 하셨으니

18. 그런즉 하나님께서 하고자 하시는 자를 긍휼히 여기시고 하고자 하시는 자를 완악하게 하시느니라

19. 혹 네가 내게 말하기를 그러면 하나님이 어찌하여 허물하시느냐 누가 그 뜻을 대적하느냐 하리니

20. 이 사람아 네가 누구이기에 감히 하나님께 반문하느냐 지음을 받은 물건이 지은 자에게 어찌 나를 이같이 만들었느냐 말하겠느냐

21. 토기장이가 진흙 한 덩이로 하나는 귀히 쓸 그릇을, 하나는 천히 쓸 그릇을 만들 권한이 없느냐

22. 만일 하나님이 그의 진노를 보이시고 그의 능력을 알게 하고자 하사 멸하기로 준비된 진노의 그릇을 오래 참으심으로 관용하시고

23. 또한 영광 받기로 예비하신 바 긍휼의 그릇에 대하여 그 영광의 풍성함을 알게 하고자 하셨을지라도 무슨 말을 하리요

24. 이 그릇은 우리니 곧 유대인 중에서뿐 아니라 이방인 중에서도 부르신 자니라

25. 호세아의 글에도 이르기를 내가 내 백성 아닌 자를 내 백성이라, 사랑하지 아니한 자를 사랑한 자라 부르리라

26. 너희는 내 백성이 아니라 한 그 곳에서 그들이 살아 계신 하나님의 아들이라 일컬음을 받으리라 함과 같으니라

27. 또 이사야가 이스라엘에 관하여 외치되 이스라엘 자손들의 수가 비록 바다의 모래 같을지라도 남은 자만 구원을 받으리니

28. 주께서 땅 위에서 그 말씀을 이루고 속히 시행하시리라 하셨느니라

29. 또한 이사야가 미리 말한 바 만일 만군의 주께서 우리에게 씨를 남겨 두지 아니하셨더라면 우리가 소돔과 같이 되고 고모라와 같았으리로다 함과 같으니라

30. 그런즉 우리가 무슨 말을 하리요 의를 따르지 아니한 이방인들이 의를 얻었으니 곧 믿음에서 난 의요

31. 의의 법을 따라간 이스라엘은 율법에 이르지 못하였으니

32. 어찌 그러하냐 이는 그들이 믿음을 의지하지 않고 행위를 의지함이라 부딪칠 돌에 부딪쳤느니라

33. 기록된 바 보라 내가 걸림돌과 거치는 바위를 시온에 두노니 그를 믿는 자는 부끄러움을 당하지 아니하리라 함과 같으니라"

로마서 10장
"1. 형제들아 내 마음에 원하는 바와 하나님께 구하는 바는 이스라엘을 위함이니 곧 그들로 구원을 받게 함이라

2. 내가 증언하노니 그들이 하나님께 열심이 있으나 올바른 지식을 따른 것이 아니니라

3. 하나님의 의를 모르고 자기 의를 세우려고 힘써 하나님의 의에 복종하지 아니하였느니라

4. 그리스도는 모든 믿는 자에게 의를 이루기 위하여 율법의 마침이 되시니라

5. 모세가 기록하되 율법으로 말미암는 의를 행하는 사람은 그 의로 살리라 하였거니와

6. 믿음으로 말미암는 의는 이같이 말하되 네 마음에 누가 하늘에 올

라가겠느냐 하지 말라 하니 올라가겠느냐 함은 그리스도를 모셔 내리려는 것이요

7. 혹은 누가 무저갱에 내려가겠느냐 하지 말라 하니 내려가겠느냐 함은 그리스도를 죽은 자 가운데서 모셔 올리려는 것이라

8. 그러면 무엇을 말하느냐 말씀이 네게 가까워 네 입에 있으며 네 마음에 있다 하였으니 곧 우리가 전파하는 믿음의 말씀이라

9. 네가 만일 네 입으로 예수를 주로 시인하며 또 하나님께서 그를 죽은 자 가운데서 살리신 것을 네 마음에 믿으면 구원을 받으리라

10. 사람이 마음으로 믿어 의에 이르고 입으로 시인하여 구원에 이르느니라

11. 성경에 이르되 누구든지 그를 믿는 자는 부끄러움을 당하지 아니하리라 하니

12. 유대인이나 헬라인이나 차별이 없음이라 한 분이신 주께서 모든 사람의 주가 되사 그를 부르는 모든 사람에게 부요하시도다

13. 누구든지 주의 이름을 부르는 자는 구원을 받으리라

14. 그런즉 그들이 믿지 아니하는 이를 어찌 부르리요 듣지도 못한 이를 어찌 믿으리요 전파하는 자가 없이 어찌 들으리요

15. 보내심을 받지 아니하였으면 어찌 전파하리요 기록된 바 아름답도다 좋은 소식을 전하는 자들의 발이여 함과 같으니라

16. 그러나 그들이 다 복음을 순종하지 아니하였도다 이사야가 이르되 주여 우리가 전한 것을 누가 믿었나이까 하였으니

17. 그러므로 믿음은 들음에서 나며 들음은 그리스도의 말씀으로 말미암았느니라

18. 그러나 내가 말하노니 그들이 듣지 아니하였느냐 그렇지 아니하니 그 소리가 온 땅에 퍼졌고 그 말씀이 땅 끝까지 이르렀도다 하였느니라

19. 그러나 내가 말하노니 이스라엘이 알지 못하였느냐 먼저 모세가

이르되 내가 백성 아닌 자로써 너희를 시기하게 하며 미련한 백성으로써 너희를 노엽게 하리라 하였고

20. 이사야는 매우 담대하여 내가 나를 찾지 아니한 자들에게 찾은 바 되고 내게 묻지 아니한 자들에게 나타났노라 말하였고

21. 이스라엘에 대하여 이르되 순종하지 아니하고 거슬러 말하는 백성에게 내가 종일 내 손을 벌렸노라 하였느니라"

로마서 11장
"1. 그러므로 내가 말하노니 하나님이 자기 백성을 버리셨느냐 그럴 수 없느니라 나도 이스라엘인이요 아브라함의 씨에서 난 자요 베냐민 지파라

2. 하나님이 그 미리 아신 자기 백성을 버리지 아니하셨나니 너희가 성경이 엘리야를 가리켜 말한 것을 알지 못하느냐 그가 이스라엘을 하나님께 고발하되

3. 주여 그들이 주의 선지자들을 죽였으며 주의 제단들을 헐어 버렸고 나만 남았는데 내 목숨도 찾나이다 하니

4. 그에게 하신 대답이 무엇이냐 내가 나를 위하여 바알에게 무릎을 꿇지 아니한 사람 칠천 명을 남겨 두었다 하셨으니

5. 그런즉 이와 같이 지금도 은혜로 택하심을 따라 남은 자가 있느니라

6. 만일 은혜로 된 것이면 행위로 말미암지 않음이니 그렇지 않으면 은혜가 은혜 되지 못하느니라

7. 그런즉 어떠하냐 이스라엘이 구하는 그것을 얻지 못하고 오직 택하심을 입은 자가 얻었고 그 남은 자들은 우둔하여졌느니라

8. 기록된 바 하나님이 오늘까지 그들에게 혼미한 심령과 보지 못할 눈과 듣지 못할 귀를 주셨다 함과 같으니라

9. 또 다윗이 이르되 그들의 밥상이 올무와 덫과 거치는 것과 보응이 되게 하시옵고

10. 그들의 눈은 흐려 보지 못하고 그들의 등은 항상 굽게 하옵소서 하였느니라

11. 그러므로 내가 말하노니 그들이 넘어지기까지 실족하였느냐 그럴 수 없느니라 그들이 넘어짐으로 구원이 이방인에게 이르러 이스라엘로 시기나게 함이니라

12. 그들의 넘어짐이 세상의 풍성함이 되며 그들의 실패가 이방인의 풍성함이 되거든 하물며 그들의 충만함이리요

13. 내가 이방인인 너희에게 말하노라 내가 이방인의 사도인 만큼 내 직분을 영광스럽게 여기노니

14. 이는 혹 내 골육을 아무쪼록 시기하게 하여 그들 중에서 얼마를 구원하려 함이라

15. 그들을 버리는 것이 세상의 화목이 되거든 그 받아들이는 것이 죽은 자 가운데서 살아나는 것이 아니면 무엇이리요

16. 제사하는 처음 익은 곡식 가루가 거룩한즉 떡덩이도 그러하고 뿌리가 거룩한즉 가지도 그러하니라

17. 또한 가지 얼마가 꺾이었는데 돌감람나무인 네가 그들 중에 접붙임이 되어 참감람나무 뿌리의 진액을 함께 받는 자가 되었은즉

18. 그 가지들을 향하여 자랑하지 말라 자랑할지라도 네가 뿌리를 보전하는 것이 아니요 뿌리가 너를 보전하는 것이니라

19. 그러면 네 말이 가지들이 꺾인 것은 나로 접붙임을 받게 하려 함이라 하리니

20. 옳도다 그들은 믿지 아니하므로 꺾이고 너는 믿으므로 섰느니라 높은 마음을 품지 말고 도리어 두려워하라

21. 하나님이 원 가지들도 아끼지 아니하셨은즉 너도 아끼지 아니하

시리라

22. 그러므로 하나님의 인자하심과 준엄하심을 보라 넘어지는 자들에게는 준엄하심이 있으니 너희가 만일 하나님의 인자하심에 머물러 있으면 그 인자가 너희에게 있으리라 그렇지 않으면 너도 찍히는 바 되리라

23. 그들도 믿지 아니하는 데 머무르지 아니하면 접붙임을 받으리니 이는 그들을 접붙이실 능력이 하나님께 있음이라

24. 네가 원 돌감람나무에서 찍힘을 받고 본성을 거슬러 좋은 감람나무에 접붙임을 받았으니 원 가지인 이 사람들이야 얼마나 더 자기 감람나무에 접붙이심을 받으랴

25. 형제들아 너희가 스스로 지혜 있다 하면서 이 신비를 너희가 모르기를 내가 원하지 아니하노니 이 신비는 이방인의 충만한 수가 들어오기까지 이스라엘의 더러는 우둔하게 된 것이라

26. 그리하여 온 이스라엘이 구원을 받으리라 기록된 바 구원자가 시온에서 오사 야곱에게서 경건하지 않은 것을 돌이키시겠고

27. 내가 그들의 죄를 없이 할 때에 그들에게 이루어질 내 언약이 이것이라 함과 같으니라

28. 복음으로 하면 그들이 너희로 말미암아 원수 된 자요 택하심으로 하면 조상들로 말미암아 사랑을 입은 자라

29. 하나님의 은사와 부르심에는 후회하심이 없느니라

30. 너희가 전에는 하나님께 순종하지 아니하더니 이스라엘이 순종하지 아니함으로 이제 긍휼을 입었는지라

31. 이와 같이 이 사람들이 순종하지 아니하니 이는 너희에게 베푸시는 긍휼로 이제 그들도 긍휼을 얻게 하려 하심이라

32. 하나님이 모든 사람을 순종하지 아니하는 가운데 가두어 두심은 모든 사람에게 긍휼을 베풀려 하심이로다

33. 깊도다 하나님의 지혜와 지식의 풍성함이여, 그의 판단은 헤아리

지 못할 것이며 그의 길은 찾지 못할 것이로다

34. 누가 주의 마음을 알았느냐 누가 그의 모사가 되었느냐

35. 누가 주께 먼저 드려서 갚으심을 받겠느냐

36. 이는 만물이 주에게서 나오고 주로 말미암고 주에게로 돌아감이라 그에게 영광이 세세에 있을지어다 아멘"

바울이 구체적이고 다소 좁은 의미로 사용하고 있는 토기장이와 토기의 비유를 살펴보면, 그가 역사에 대해 가지고 있는 전반적인 철학을 파악할 수 있다.

바울은 이 세상에서 일어나는 "모든 것"이 그의 자녀를 위한 하나님의 의도의 한 부분으로 보았다(엡 1:11-12 "11. 모든 일을 그의 뜻의 결정대로 일하시는 이의 계획을 따라 우리가 예정을 입어 그 안에서 기업이 되었으니

12. 이는 우리가 그리스도 안에서 전부터 바라던 그의 영광의 찬송이 되게 하려 하심이라").

이에 바울은 "우리가 알거니와 하나님을 사랑하는 자 곧 그의 뜻대로 부르심을 입은 자들에게는 모든 것이 합력하여 선을 이루느니라"(롬 8:28)고 말하였던 것이다.

하나님의 목적은 우리로 하여금 "그의 아들의 형상을 본 받게" 하려는 것이다(29절).

3. 하나님의 계획의 본질

이제 우리에게 필요한 것은 지금까지 살펴본 수많은 다양한 성경구절들을 종합하여 하나님의 계획이 갖고 있는 몇 가지 일반적인 특성들을 끄집어내는 것이다.

이러한 작업은 우리들로 하여금 하나님의 계획이 무엇인지 그리고 우리가 하나님께로부터 기대할 수 있는 것이 무엇인지를 보다 완전하게 이해할 수 있게 할 것이다.

1) 하나님의 계획은 영원 전부터 있었다. 시편 기자는 정한 날이 하나도 되기 전에 우리의 날들을 계획해 놓으셨다고 노래하였다(시 139:16 "16. 내 형질이 이루어지기 전에 주의 눈이 보셨으며 나를 위하여 정한 날이 하루도 되기 전에 주의 책에 다 기록이 되었나이다").

바울도 에베소서에서 하나님께서 "창세 전에 그리스도 안에서 우리를 택하사"(1:4)라고 말하였다.

그러한 하나님의 결정들은 역사가 진행되고 사건들이 일어남에 따라 결정되는 것이 아니다.

하나님께서는 자신의 목적을 역사 안에서 드러내 보이시지만 그러한 결정들은 영원 전에, 다시 말해 역사가 시작되기 전부터 계획된 것이었다(사 22:11 "11. 너희가 또 옛 못의 물을 위하여 두 성벽 사이에 저수지를 만들었느니라 그러나 너희가 이를 행하신 이를 앙망하지 아니하였고 이 일을 옛적부터 경영하신 이를 공경하지 아니하였느니라").

하나님의 계획하심은 영원하시기에 그 안에 어떤 시간적인 순서를 가지고 있는 것은 아니다.

영원이라는 개념 안에는 시간적인 순서라는 것이 없다. 물론 논리적 순서라는 것은 존재한다(예를 들면, 예수님이 십자가 위에서 죽으신다는 결정은 논리적으로 그분을 이 땅에 보내신다는 결정 이후에 내려진다).

그리고 정하여진 사건들이 일어남에 있어 일시적인 순서도 존재한다.

그러나 하나님께서 하시고자 하시는 일에 일시적인 순서가 존재하는 것은 아니다. 오직 하나의 일관된 결정이 동시에 일어날 뿐이다.

2) 하나님의 계획과 결정 안에 포함된 것들은 하나님 편에서는 자유롭다.

즉 하나님은 모든 일을 행하실 때 누구의 간섭도 받지 않으신다. 이와 같은 것은 "하나님의 선하신 뜻을 따라"라는 표현에 잘 드러나 있다.

이는 또한 어느 누구도 하나님께 조언하지 않았고, 또 할 수 있는 사람도 아무도 없다는 사실에서도 찾아볼 수 있다.

이사야 40:13-14은 이를 잘 대변해 준다. "누가 여호와의 신을 지도하였으며 그의 모사가 되어 그를 가르쳤으랴 그가 누구로 더불어 의논하셨으며 누가 그를 교훈하였으며 그에게 공평의 도로 가르쳤으며 지식을 가르쳤으며 통달의 도를 보여 주었느뇨."

사도 바울도 하나님의 측량할 수 없는 역사와 주권에 대한 그의 뛰어난 진술을 마무리할 때, 바로 이 구절을 인용하였던 것이다(롬 11:34 "34. 누가 주의 마음을 알았느냐 누가 그의 모사가 되었느냐").

하나님의 결정은 어떤 외부의 결정에서 기인한 것이 아닐 뿐 아니라 내적인 강요에 의해 정해진 것이 아니다.

다시 말해, 하나님의 결정과 행하심은 자신의 본성과 전혀 모순되지 않지만, 그렇다고 그의 본성에 의해 강요된 것도 아니다.

하나님께서 창조하셔야 했기에 창조하신 것은 아니다. 하나님께서는 무엇이든 자신이 하는 것을 사랑과 거룩한 마음으로 행하셔야 했지만, 창조하도록 강요받은 것은 아니다.

우리가 밝히 알 수는 없지만 하나님께서는 자신의 자유로운 의지를 따라 창조하실 것을 결정하셨던 것이다.

3) 궁극적인 의미에서, 하나님의 계획의 목적은 하나님의 영광이다.

바울은 하나님께서 그리스도 예수 안에서 우리를 택하시고 "기쁘신 뜻대로 우리를 예정하사…그의 은혜의 영광을 찬미하게 하려는 것이라"(엡 1:5-6)고 말하였다.

하나님께서는 자기 이름을 위하여 행하신다(사 48:11 "11. 나는 나를 위하며 나를 위하여 이를 이룰 것이라 어찌 내 이름을 욕되게 하리요 내 영광을 다른 자에게 주지 아니하리라";

겔 20:9 "9. 그러나 내가 그들이 거주하는 이방인의 눈 앞에서 그들에게 나타나 그들을 애굽 땅에서 인도하여 내었나니 이는 내 이름을 위함이라 내 이름을 그 이방인의 눈 앞에서 더럽히지 아니하려고 행하였음이라"). 예수님은 자기를 따르는 자들로 그들의 빛을 비추어 다른 사람들이 그들의 착한 행실을 보고 하늘에 계신 그들의 아버지께 영광을 돌리게 하라고 말씀하셨다(마 5:16 "16. 이같이 너희 빛이 사람 앞에 비치게 하여 그들로 너희 착한 행실을 보고 하늘에 계신 너희 아버지께 영광을 돌리게 하라"; 비교.

요 15:8 "8. 너희가 열매를 많이 맺으면 내 아버지께서 영광을 받으실 것이요 너희는 내 제자가 되리라").

이는 하나님의 계획과 그에 따른 행동들 뒤에 부차적인 동기들이 전혀 없다는 것을 의미하는 것은 아니다.

하나님께서는 인간에 대한 그의 사랑과 인간의 행복에 대한 그의 관심을 온전히 이루시기 위해 구원이라는 방편을 제공하셨다.

그러나 이것이 궁극적인 목적은 아니다. 이는 하나님의 영광이라는 더 큰 목적을 이루는 수단에 불과한 것이다.

4) 하나님의 계획은 모든 것을 포괄한다. 이는 하나님의 계획의 부분들로 성경에서 언급하고 있는 수많은 항목에 잘 나타나 있다.

그러나 이것 이상으로 하나님의 계획이 얼마나 넓은지를 보여 주는 명백한 진술이 있다.

바울은 하나님을 "모든 일을 그 마음의 원대로 역사하시는 자의 뜻을 따라"(엡 1:11) 행하시는 분으로 말하고 있다.

시편 기자는 "만물이 주의 종이다"(시 119:91)라고 말하고 있다.

모든 목적들이 하나님의 계획의 부분인 것처럼 모든 수단과 방법들도 하나님의 계획의 일부분이다.

우리는 때때로 거룩한 삶과 세속적인 삶을 구분하여 생각하려는 경향이 있지만 하나님에게는 그러한 구분이 존재하지 않는다.

하나님의 관심이나 결정과는 무관한 분야나 영역이란 존재하지 않는다.

5) 하나님의 계획은 반드시 이루어진다. 하나님께서 영원 전부터 이루시고자 하신 것은 반드시 이루어질 것이다.

주님은 "나의 생각한 것이 반드시 되며 나의 경영한 것이 반드시 이루리라…만군의 여호와께서 경영하셨은즉 누가 능히 그것을 폐하며 그 손을 펴셨은즉 누가 능히 그것을 돌이키랴"(사 14:24, 27)라고 말씀하셨다.

하나님은 자신의 마음을 바꾸지 아니하실 것이고 자신이 의도한 바를 바꾸게 할 어떤 변수도 없을 것이다.

6) 하나님의 계획은 하나님의 본성보다는 하나님의 행동과 관련이 있다.

다시 말해, 그것은 하나님께서 행하실 것들에 관한 그의 결정과 관계에는 것이지 하나님의 속성과 관계가 있는 것은 아니다.

하나님께서는 굳이 사랑하는 마음과 무한한 능력을 가진 자로 보이고자 하실 필요가 있는 것은 아니다. 사실 하나님께서는 그와 반대되는 모습을 선택하실 수도 없으신 분이시다. 그러므로 하나님의 결정은 대상들과 사건들 그리고 하나님의 본성에 합당한 외적인 진행과정과 관련이 있는 것이지 하나님이 어떤 분이신지 또는 그분 안에서 일어나는 것과 관련이 있는 것은 아니다.

7) 하나님의 계획은 근본적으로 창조하시고 보존하시고 인도하시며 구원하시는 일 등 하나님께서 친히 하시는 일과 관계가 있다.

이는 또한 인간의 의지와 행동도 포함하는데 그것은 단지 부차적일 뿐이다. 다시 말해, 그것은 하나님께서 의도하신 목적을 이루는 수단이나 하나님께서 취하신 행동의 결과일 뿐이다.

여기서 하나님의 역할은 어떤 특정한 방법으로 행하라고 명령하시는 것이 아니라 우리의 삶에서 어떤 일이 일어나도록 결정하시는 것이라는 사실을 주목하라.

하나님의 계획은 우리로 하여금 특별한 방법으로 행할 것을 강요하는 것이 아니라, 우리가 그러한 방법 안에서 자유롭게 행하도록 한다.

8) 따라서 하나님의 계획이 근본적으로 하나님께서 행하시는 것과 관련된 것이기는 하지만 인간의 행위 또한 포함된다.

예를 들면, 예수님은 자신이 전하는 말에 개인적으로 반응을 보이는 것이 아버지의 결정에 따른 것이라고 말씀하셨다(요 6:37 "37. 예수께서 이르시되 내가 진실로 진실로 너희에게 이르노니 모세가 너희에게 하늘로부터 떡을 준 것이 아니라 내 아버지께서 너희에게 하늘로부터 참 떡을 주시나니",

요 6:44 "44. 나를 보내신 이의 뜻은 내게 주신 자 중에 내가 하나도 잃어버리지 아니하고 마지막 날에 다시 살리는 이것이니라"; 비교.

요 17:2 "2. 아버지께서 아들에게 주신 모든 사람에게 영생을 주게 하시려고 만민을 다스리는 권세를 아들에게 주셨음이로소이다",

요 17:6 "6. 세상 중에서 내게 주신 사람들에게 내가 아버지의 이름을 나타내었나이다 그들은 아버지의 것이었는데 내게 주셨으며 그들은 아버지의 말씀을 지키었나이다",

요 17:9 "9. 내가 그들을 위하여 비옵나니 내가 비옵는 것은 세상을 위함이 아니요 내게 주신 자들을 위함이니이다 그들은 아버지의 것이로소이다").

누가는 사도행전 13:48에서 "영생을 주시기로 작정된 자는 다 믿더라"고 말하였다.

하나님의 계획은 우리가 보통 선행이라고 부르는 것을 포함한다. 그러나 다른 한 편으론 하나님의 율법과 도덕적인 의도와는 상반되는 각 사람들의 악한 행동들 또한 하나님에 의해 작정된 하나님의 계획의 일부분으로 성경에 나타나 있다.

예수님을 배반하고 유죄 판결을 내려 십자가에 못박아 죽인 것이 바로 이러한 것들에 대한 실례이다(눅 22:22 "22. 인자는 이미 작정된 대로 가거니와 그를 파는 그 사람에게는 화가 있으리로다 하시니";

행 2:23 "23. 그가 하나님께서 정하신 뜻과 미리 아신 대로 내준 바 되었거늘 너희가 법 없는 자들의 손을 빌려 못 박아 죽였으나";

행 4:27-28 "27. 과연 헤롯과 본디오 빌라도는 이방인과 이스라엘 백성과 합세하여 하나님께서 기름 부으신 거룩한 종 예수를 거슬러
28. 하나님의 권능과 뜻대로 이루려고 예정하신 그것을 행하려고 이 성에 모였나이다").

(9) 하나님의 계획의 구체적인 부분들은 결코 변할 수 없다. 하나님께서는 구체적인 결정들에 대해 자신의 마음이나 계획을 바꾸지 아니하신다.
이러한 사실은 니느웨에 관한 하나님의 본래 의도를 바꾼 것처럼 보이는 부분(요나서)이나 하나님께서 인간을 만든 것을 후회하신다는 것이 확연히 드러나는 부분(창 6:6 "6. 땅 위에 사람 지으셨음을 한탄하사 마음에 근심하시고")에 있어서는 이상하게 여겨질 수도 있다.
그러나 창세기 6장에 나오는 표현은 신인동형론적 표현으로 받아들여져야 하며, 임박한 멸망에 대한 요나의 선포는 니느웨를 향한 하나님의 실제적인 계획을 효과적으로 이루기 위해 사용된 경고로 보아야 한다.
우리는 불변성이 하나님의 위대한 속성 중의 하나라는 사실을 명심해야 한다.

4. 하나님의 뜻과 인간의 자유

하나님께서 인간의 결정과 행동을 하게 하셨다는 사실이 인간의 자유와 조화를 이룰 수 있는가?

이에 대한 우리의 대답은 우리가 자유를 어떻게 이해하고 있느냐에 달려 있다.

우리가 지지하는 입장에 따르면, "각 사람이 서로 다른 선택을 할 수 있는가?"라는 질문에 대한 대답은 긍정적인 반면, "그러나 그가 그렇게 하려 하는가?"라는 질문에 대한 대답은 '아니오'이다.

우리가 이해하는 한, 인간에게 자유가 있느냐에 대해서는 첫 번째 질문에 대한 답변만 긍정적이어도 된다.

그러나 다른 사람들은 두 가지 질문 모두에 대해 긍정적인 대답을 할 수 있을 경우에만, 다시 말해 각 개인이 다르게 선택할 수 있을 뿐 아니라 다르게 선택하는 것을 원할 수도 있어야 인간에게 자유가 있다고 말할 수 있다고 주장한다.

그들의 견해에 따르면 자유란 전적인 자발성, 즉 마음대로 선택하는 것을 의미한다.

그러나 우리가 그들에게 지적할 수 있는 것은 자유가 인간의 결정들과 행동들에 나타날 때, 완전하게 자발적이거나 마음대로 할 수 있는 것은 아무것도 없다는 것이다.

인간의 행동에 대해 어느 정도 예측이 가능하다는 것이다.

우리가 한 개인을 잘 알수록 우리는 그의 반응에 대해 더 잘 예측할 수 있다.

예를 들면, 좋은 친구나 친척은 "나는 네가 그렇게 대답할 줄 알았어"라고 말할 수도 있다.

만일 자유가 마음대로 선택하는 것을 의미한다면, 우리는 인간의 자유란 실제로 불가능하다는 결론을 내리게 된다.

그러나 만일 자유가 여러 선택 사항들 가운데서 무엇을 선택하는 능력을 의미하는 것이라면, 인간의 자유는 존재하며 하나님께서 우리의 결정들과 행동들을 확실하게 정하신다는 것과도 조화를 이룬다.

만일 결과에 대한 확실성이 인간의 자유와 모순된다면, 알미니안주의자들이 이해하고 있는 하나님의 미리 아심이라는 개념은 하나님의 작정 개념과 같이 인간의 자유에 대해서도 많은 문제점들을 노출한다는 점에 주의해야 한다.

왜냐하면 만일 하나님께서 내가 행할 것을 알고 계시다면, 내가 앞으로 그 일을 하게 될 것이라는 사실은 확실한 것임에 틀림없다.

만일 그것이 확실하지 않다면, 하나님께서는 그것을 알 수도 없다. 하나님께서 오판하실 수도 있다(나는 하나님께서 기대하시는 것과 다르게 행동할 수도 있는 것이다).

그러나 만일 내가 행할 것이 확실하다면, 나는 내가 나의 행할 것을 알고 있든 모르든 분명히 그것을 행할 것이다.

그 일은 일어날 것이다! 그러나 그렇다면 내가 자유로운 존재라 할 수 있는가?

자유에 대한 정의를 앞으로 어떤 일이 일어날 것이라는 사실이 확실히 않을 수도 있다는 의미까지 포함하는 것으로 생각하는 자들의 관점에서 보면, 아마도 나는 자유로운 존재가 아닐 것이다.

그들의 견해에 따르면, 하나님의 미리 아심이란 하나님의 작정과 같이 인간의 자유와 조화를 이룰 수 없다.

우리가 논의해 온 하나님의 선택이 알미니안주의가 말하는 미리 아심의 개념과 같은 것인 것처럼 보일 수 있다. 그러나 거기에는 중요한 차이점이 있다.

알미니안주의가 이해하는 바에 따르면, 실제로 존재하는 실체들에 대한 미리 아심이 있다.

말하자면 하나님께서는 단지 각 개인이 결정하고 행할 것이라고 예견하신 것들을 확인하기로 선택하신 것이다.

그러나 우리가 이해하는 바로는, 하나님께서는 가능성들에 대한 예지를 갖고 계신다.

하나님께서는 어떤 존재들이 어떤 특정한 상황에서 그 시간과 장소에서 주어지게 될 영향들 아래 놓이게 될 때 그들이 행할 것을 예견하고 계신다.

이러한 사실에 기초하여 하나님께서는 가능성이 있는 각 개인들 중 어떤 사람을 실제로 존재케 할 것인가와 어떠한 환경과 영향이 주어지게 할 것인지를 선택하신다.

하나님께서는 이러한 각 개인들이 자유로이 행할 것들에 대해 미리 알고 계시는데, 이는 하나님께서 그러한 일들이 실제로 일어나도록 하심으로써 그러한 결정을 사실상 하셨기 때문이다.

5. 하나님의 소원과 하나님의 뜻

하나님께서 일어날 모든 일들을 확실하게 정하셨다는 우리의 입장은 다음과 같은 또 다른 질문을 제기하게 한다.

즉 "하나님께서 명하시고 그가 원하는 것이라고 말씀하셨던 것과 하나님께서 실제로 의도하셨던 것 사이에 어느 시점에서 모순이 드러나지 않게 되는가?"

예를 들면, 죄는 보편적으로 금지되고 있지만 언뜻 보기에는 하나님께서 그것이 일어나도록 의도하신 것처럼 보인다.

분명히 살인은 성경이 금하고 있는 죄이다. 그런데 예수님께서 처형되어 죽으신 것은 분명히 하나님께서 뜻하신 바이다(눅 22:22 "22. 인자는 이미 작정된 대로 가거니와 그를 파는 그 사람에게는 화가 있으리로다 하시니";

행 2:23 "23. 그가 하나님께서 정하신 뜻과 미리 아신 대로 내준 바 되었거늘 너희가 법 없는 자들의 손을 빌려 못 박아 죽였으나").

더욱이 성경은 하나님께서 어느 누구도 멸망받기를 원치 아니하신다고 말씀하고 있지만(벧후 3:9 "9. 주의 약속은 어떤 이들이 더디다고 생각하는 것 같이 더딘 것이 아니라 오직 주께서는 너희를 대하여 오래 참으사 아무도 멸망하지 아니하고 다 회개하기에 이르기를 원하시느니라"), 분명한 것은 하나님이 실제로 모든 사람이 구원받도록 의도하지는 않으셨다는 것이다.

왜냐하면 모든 사람이 구원받은 것은 아니기 때문이다. 그렇다면 우리는 어떻게 모순처럼 보이는 이러한 내용들을 조화시킬 수 있는가? 우리는 여기서 하나님의 뜻에 대한 두 가지 서로 다른 의미를 구별해야 한다.

우리는 그것들을 각각 하나님의 '소원'(wish; 뜻 1)과 하나님의 '의지'(will; 뜻 2)라고 부를 것이다. 전자는 하나님의 일반적인 의도로 하나님께서 기뻐하시는 가치있는 일들을 말한다.

후자는 어떤 주어진 상황에서의 하나님의 특별한 의도로 실제로 어떤 일이 일어나도록 하나님께서 결정하신 바를 말한다. 많은 경우에 하나님께서 실제로 원하시지는 않지만 어떤 일이 일어나도록 허락하심으로 그러한 일이 일어나는 경우도 있다. 죄에 대한 일들이 바로 이런 경우이다. 하나님께서는 죄가 일어나는 것을 원치 아니하신다.

그러나 하나님께서는 인간으로 하여금 자유롭게 죄악된 행동을 취하도록 허용하시면서 사실상 "그렇게 될지어다"라고 말씀하시는 경우들이 있다. 우리는 여기서 부모님들이 자신의 자녀를 다루는 방법을 생각하게 된다.

어머니는 자신의 아들이 특별한 행동을 하지 않기를 간절히 바랄 수 있고 그에게 그렇게 하지 말라고 말할 수도 있다. 그러나 때로는 그녀가 아들이 그러한 행동을 하는 것은 보면서도 그러한 행동을 못하도록 간섭하지 않기로 결정할 때도 있다.

여기서 부모의 소원은 자녀가 어떤 행동을 하지 않는 것이지만, 어머니의 의도는 그가 하려고 하였던 일을 그가 하도록 하는 것이다. 어머니는 그 행동을 못하도록 간섭하지 않음으로써 그것이 실제로 일어나는 것을 의도하고 있는 것이다. 아마도 이것은 우리가 요셉이 형제들에게 당한 것을 이해하는 한 방편이 된다.

그들의 그러한 행동은 하나님을 기쁘시게 해드리지 못했다. 그러한 것은 하나님의 속성과는 전혀 맞지 않는다. 그러나 하나님께서는 그것을 허락하실 것을 작정하셨다. 그들이 하는 일에 일체 개입하지 않으셨던 것이다.

그런데 재미있는 것은 하나님께서 그들의 행동을 이용하셔서 그들이 그렇게도 원치 않았던 바로 그 일, 즉 요셉이 자신들보다 높아지는 일을 이루신 것이다.

6. 하나님의 뜻과 인간 행위의 필요

우리가 검토해 보아야 할 또 다른 문제는 하나님의 전 포괄적인 계획에 대한 우리의 견해가 인간의 활동에 동기를 부여하지 않는 것은 아닌가 하는 것이다.

만일 하나님께서 일어날 것을 확실히 정하셨다면, 우리가 하나님의 뜻을 이루려 한다는 것이 무슨 의미가 있겠는가?

우리가 행하는 것들이 실제로 일어날 일에 어떤 영향을 끼치는가?

이 문제는 특히 복음전파와 깊이 연관되어 있다.

만일 하나님께서 구원받을 자들과 구원받지 못할 자들을 이미 선택하셨다면, 우리가 복음을 전파하려고 애쓰는 것이 무슨 소용이 있겠는가?

아무것도 택함받은 사람들이 구원받고 택함을 받지 못한 사람들이 구원받지 못할 것이라는 사실을 바꿀 수 없다.

이 문제에 대해 두 가지 점이 지적되어야 한다. 하나는 비록 하나님께서 목적을 확실하게 정하셨다 할지라도 그분의 계획은 그 목적을 이루기 위한 수단까지 포함하고 있다는 것이다.

하나님의 계획 안에는 우리의 증거가 택함받은 자들을 구원으로 인도하는 수단이라는 사실을 당연히 포함하고 있다.

그러므로 우리가 그들에게 복음을 전해야 하는 것은 하나님께서 이미 작정하신 바이다.

이 문제에 대해 우리가 고려해야 할 또 다른 점은 우리가 하나님의 계획이 어떠한지에 대해 자세히 모른다는 것이다.

그러므로 우리는 하나님께서 자신의 기쁘신 뜻을 따라 계시하신 것에 기초하여 행할 따름이다. 따라서 우리는 복음을 증거해야 한다. 이는 우리 시간의 일부를 궁극적으로 천국에 들어가지 못할 사람들을 위해 쓰여진다는 것을 의미하기도 한다.

그러나 그것은 우리가 시간을 낭비하고 있다는 것을 의미하는 것은 아니다.

그것은 오히려 하나님의 계획의 또 다른 부분을 성취하는 수단이 될 수도 있다.

그리고 궁극적으로 하나님께서 우리의 헌신을 측량하는 척도는 우리의 성공 여부가 아니라 우리가 얼마나 신실하게 살아가느냐에 달려 있는 것이다.

7. 하나님 역사에 대한 이해

마지막으로, 하나님의 계획을 말하는 기독교 교리가 있는데, 이 교리는 전지전능하시고 선하신 하나님께서 영원 전부터 일어날 일을 계획하셨고 역사는 이러한 하나님의 뜻대로 진행되고 있다고 말한다.

역사는 그것이 진행되어 가는 하나의 분명한 목표가 있다. 그러므로 역사란 단지 우연히 일어나는 것이 아니다.

역사가 목표를 향해 나아가도록 하는 힘은 비인격적인 원자나 운명이 아니다. 오히려 그것은 우리가 인격적인 관계를 가질 수 있는 사랑하시는 하나님이다. 그러므로 우리는 확신을 가지고 우주의 목적이 성취될 것이라는 것을 기대할 수 있으며, 우리의 삶을 우리가 알고 있는 역사의 궁극적인 목표에 맞추어 살아갈 수 있는 것이다.

7부
하나님의 종말론

1. 최후 심판인 종말에 대해

다음은 종말론에 대해서 살펴보도록 하겠습니다. 주요 주제들은 사람이 죽으면 주님이 재림하기 이전까지 그 중간 상태가 어떤 것인지 그리고 흔히 우리가 천년왕국이라고 부르는데 이 지상에서 이루어지는 것인지 마지막 최후 심판은 무엇을 근거로 이루어지는 것인지 그리고 요한계시록에 있는 지옥과 천국에 대해서 살펴보도록 하겠습니다.

중간기, 즉 사람이 죽고 주님이 벌하실 때까지 그 영혼만 잊게 되는데 어떤 상태가 되는 것인가 개인적인 종말이다.

1). 예수님이 오실 때

주님이 오신다면 우리가 이런 중간기를 안 거치고 바로 최후의 심판에 들어가겠지만 주님이 오시기 전이라면 이 중간기 상태를 전환할 수밖에 없다. 여호와증인이나 재칠일 안식일 교회 같은 분들은 영혼 수면설을 믿는다. 죽음 이후에는 영혼이 따로 의식을 갖고 존재하지 않고 육체가 활동을 하지 못하듯이 영혼도 활동을 하지 못한다고 믿는다.

영혼 수면설을 어떤 분들은 영혼이 무의식에 수면과 같은 상태 있다 이렇게 얘기하는 분들 있고 재칠일 안식일 경우에는 완전한 무로, 낫딩으로 돌아가는 경우도 있다고 믿는다.

이 영혼 수면설을 주장하는 분들은 구약의 수월이라는 단어가 무덤을 주로 얘기하기 때문에 이것은 죽은 자들이 거하는 어떤 의식을 가진 세계가 아니다 이렇게 얘기를 한다.

그렇지만 구약에는 실제로 죽은자들이 영혼의 의식을 가지고 존재한다는 것에 대한 가르침들이 몇 군데 있습니다.

에스겔 14장

1. 이스라엘 장로 두어사람이 나아와 내 앞에 앉으니

2. 여호와의 말씀이 내게 임하여 가라사대

3. 인자야 이 사람들이 자기 우상을 마음에 들이며 죄악의 거치는 것을 자기 앞에 두었으니 그들이 내게 묻기를 내가 조금인들 용납하랴

4. 그런즉 너는 그들에게 말하여 이르라 나 주 여호와가 말하노라 이스라엘 족속 중에 무릇 그 우상을 마음에 들이며 죄악의 거치는 것을 자기 앞에 두고 선지자에게 나아오는 자에게는 나 여호와가 그 우상의 많은대로 응답하리니

5. 이는 이스라엘 족속이 다 그 우상으로 인하여 나를 배반하였으므로 내가 그들의 마음에 먹은대로 그들을 잡으려 함이니라

6. 그런즉 너는 이스라엘 족속에게 이르기를 주 여호와의 말씀에 너희는 마음을 돌이켜 우상을 떠나고 얼굴을 돌이켜 모든 가증한 것을 떠나라

7. 이스라엘 족속과 이스라엘 가운데 우거하는 외인 중에 무릇 나를 떠나고 자기 우상을 마음에 들이며 죄악의 거치는 것을 자기 앞에 두고 자기를 위하여 내게 묻고자 하여 선지자에게 나아오는 자에게는 나 여호와가 친히 응답하여

8. 그 사람을 대적하여 그들로 놀라움과 감계와 속담거리가 되게 하여 내 백성 가운데서 끊으리니 너희가 나를 여호와인줄 알리라

9. 만일 선지자가 유혹을 받고 말을 하면 나 여호와가 그 선지자로 유혹을 받게 하였음이어니와 내가 손을 펴서 내 백성 이스라엘 가운데서 그를 멸할 것이라

10. 선지자의 죄악과 그에게 묻는 자의 죄악이 같은즉 각각 자기의 죄악을 담당하리니

11. 이는 이스라엘 족속으로 다시는 미혹하여 나를 떠나지 않게 하며 다시는 모든 범죄함으로 스스로 더럽히지 않게 하여 그들로 내 백성을

삼고 나는 그들의 하나님이 되려 함이니라 나 주 여호와의 말이니라 하셨다 하라

12. 여호와의 말씀이 또 내게 임하여 가라사대

13. 인자야 가령 어느 나라가 불법하여 내게 범죄하므로 내가 손을 그 위에 펴서 그 의뢰하는 양식을 끊어 기근을 내려서 사람과 짐승을 그 나라에서 끊는다 하자

14. 비록 노아, 다니엘, 욥, 이 세 사람이 거기 있을찌라도 그들은 자기의 의로 자기의 생명만 건지리라 나 주 여호와의 말이니라

15. 가령 내가 사나운 짐승으로 그 땅에 통행하여 적막케 하며 황무케 하여 사람으로 그 짐승을 인하여 능히 통행하지 못하게 한다 하자

16. 비록 이 세 사람이 거기 있을찌라도 나의 삶을 두고 맹세하노니 그들은 자녀도 건지지 못하고 자기만 건지겠고 그 땅은 황무하리라 나 주 여호와의 말이니라

17. 가령 내가 칼로 그 땅에 임하게 하고 명하기를 칼아 이 땅에 통행하라 하여 사람과 짐승을 거기서 끊는다 하자

18. 비록 이 세 사람이 거기 있을찌라도 나의 삶을 두고 맹세하노니 그들은 자녀도 건지지 못하고 자기만 건지리라 나 주 여호와의 말이니라

19. 가령 내가 그 땅에 온역을 내려 죽임으로 내 분을 그 위에 쏟아 사람과 짐승을 거기서 끊는다 하자

20. 비록 노아, 다니엘, 욥이 거기 있을찌라도 나의 삶을 두고 맹세하노니 그들은 자녀도 건지지 못하고 자기의 의로 자기의 생명만 건지리라 나 주 여호와의 말이니라 하시니라.

에스겔 32장 21절 21. 용사 중에 강한 자가 그를 돕는 자와 함께 음부 가운데서 그에게 말함이여 할례 받지 않은 자 곧 칼에 살륙 당한 자들이 내려와서 가만히 누웠다 하리로다. 27절 에스겔32장27절 27. 네 재물과 상품과 무역한 물건과 네 사공과 선장과 네 배의 틈을 막는 자와 네 장사

와 네 가운데 있는 모든 용사와 네 가운데 있는 모든 무리가 네 패망하는 날에 다 바다 중심에 빠질 것임이여.과30절,에스겔32장 30절 30. 너를 위하여 크게 소리질러 통곡하고 티끌을 머리에 무릅쓰며 재 가운데 굶이여.

32절에 에스겔 32장 32절 32. 그들이 통곡할 때에 너를 위하여 애가를 불러 조상하는 말씀이여 두로 같이 바다 가운데서 적막한 자 누구인고. 보면 죽은 자들 가운데 서로 의사소통이 있다는 것을 알 수 있습니다.

이 영혼 수면설을 주장하는 분들 예수님이 올 때까지 죽은 이후에 영혼이 의식 없이 자는 것과 같다 아니면 무전제로 돌아간다.

이렇게 믿는 분들의 또 다른 근거는 성경에서 죽음을 잠이라고 묘사했기 때문이라고 한다.

이 잠이라고 표현된 것은 외부 세계와 이제 더 이상 교제하지 않는다는 의미다. 사람이 잠을 잘 때 그 사람의 육체가 세상과 관계를 하지 않기 때문에 그렇게 한 것이고 또 잠을 잘 때 우리가 위로를 받고 안식과 평강이 있기 때문에 그러한 표현을 쓴 것 뿐니다.

2. 나사로와 부자의 죽은 후의 세계

잠을 잔다고 해서 영혼이 무의식 상태에 들어가는 것은 아닙니다.

누가복음 16장에 눅 16장 1. 또한 제자들에게 이르시되 어떤 부자에게 청지기가 있는데 그가 주인의 소유를 허비한다는 말이 그 주인에게 들린지라

2. 주인이 저를 불러 가로되 내가 네게 대하여 들은 이 말이 어찜이뇨 네 보던 일을 셈하라 청지기 사무를 계속하지 못하리라 하니

3. 청지기가 속으로 이르되 주인이 내 직분을 빼앗으니 내가 무엇을 할꼬 땅을 파자니 힘이 없고 빌어 먹자니 부끄럽구나

4. 내가 할 일을 알았도다 이렇게 하면 직분을 빼앗긴 후에 저희가 나를 자기 집으로 영접하리라 하고

5. 주인에게 빚진 자를 낱낱이 불러다가 먼저 온 자에게 이르되 네가 내 주인에게 얼마나 졌느뇨

6. 말하되 기름 백 말이니이다 가로되 여기 네 증서를 가지고 빨리 앉아 오십이라 쓰라 하고

7. 또 다른이에게 이르되 너는 얼마나 졌느뇨 가로되 밀 백 석이니이다 이르되 여기 네 증서를 가지고 팔십이라 쓰라 하였는지라

8. 주인이 이 옳지 않은 청지기가 일을 지혜 있게 하였으므로 칭찬하였으니 이 세대의 아들들이 자기 시대에 있어서는 빛의 아들들보다 더 지혜로움이니라

9. 내가 너희에게 말하노니 불의의 재물로 친구를 사귀라 그리하면 없어질 때에 저희가 영원한 처소로 너희를 영접하리라

10. 지극히 작은 것에 충성된 자는 큰 것에도 충성되고 지극히 작은 것에 불의한 자는 큰 것에도 불의하니라

11. 너희가 만일 불의한 재물에 충성치 아니하면 누가 참된 것으로 너희에게 맡기겠느냐

12. 너희가 만일 남의 것에 충성치 아니하면 누가 너희의 것을 너희에게 주겠느냐

13. 집 하인이 두 주인을 섬길 수 없나니 혹 이를 미워하고 저를 사랑하거나 혹 이를 중히 여기고 저를 경히 여길 것임이니라 너희가 하나님과 재물을 겸하여 섬길 수 없느니라

14. 바리새인들은 돈을 좋아하는 자라 이 모든 것을 듣고 비웃거늘

15. 예수께서 이르시되 너희는 사람 앞에서 스스로 옳다 하는 자이나

너희 마음을 하나님께서 아시나니 사람 중에 높임을 받는 그것은 하나님 앞에 미움을 받는 것이니라

16. 율법과 선지자는 요한의 때까지요 그 후부터는 하나님 나라의 복음이 전파되어 사람마다 그리로 침입하느니라

17. 그러나 율법의 한 획이 떨어짐보다 천지의 없어짐이 쉬우리라

18. 무릇 그 아내를 버리고 다른데 장가드는 자도 간음함이요 무릇 버리운이에게 장가드는 자도 간음함이니라

19. 한 부자가 있어 자색 옷과 고운 베옷을 입고 날마다 호화로이 연락하는데

20. 나사로라 이름한 한 거지가 헌데를 앓으며 그 부자의 대문에 누워

21. 부자의 상에서 떨어지는 것으로 배불리려 하매 심지어 개들이 와서 그 헌데를 핥더라

22. 이에 그 거지가 죽어 천사들에게 받들려 아브라함의 품에 들어가고 부자도 죽어 장사되매

23. 저가 음부에서 고통 중에 눈을 들어 멀리 아브라함과 그의 품에 있는 나사로를 보고

24. 불러 가로되 아버지 아브라함이여 나를 긍휼히 여기사 나사로를 보내어 그 손가락 끝에 물을 찍어 내 혀를 서늘하게 하소서 내가 이 불꽃 가운데서 고민하나이다

25. 아브라함이 가로되 애 너는 살았을 때에 네 좋은 것을 받았고 나사로는 고난을 받았으니 이것을 기억하라 이제 저는 여기서 위로를 받고 너는 고민을 받느니라

26. 이뿐 아니라 너희와 우리 사이에 큰 구렁이 끼어 있어 여기서 너희에게 건너가고자 하되 할 수 없고 거기서 우리에게 건너 올 수도 없게 하였느니라

27. 가로되 그러면 구하노니 아버지여 나사로를 내 아버지의 집에 보

내소서

28. 내 형제 다섯이 있으니 저희에게 증거하게 하여 저희로 이 고통 받는 곳에 오지 않게 하소서

29. 아브라함이 가로되 저희에게 모세와 선지자들이 있으니 그들에게 들을찌니라

30. 가로되 그렇지 아니하니이다 아버지 아브라함이여 만일 죽은 자에게서 저희에게 가는 자가 있으면 회개하리이

31. 가로되 모세와 선지자들에게 듣지 아니하면 비록 죽은 자 가운데서 살아나는 자가 있을찌라도 권함을 받지 아니하리라 하였다 하시니라.

보면 나사로와 부자의 예가 있습니다. 죽은 이후에 즉각적으로 나사로는 아브람의 품에 즉 천국에 낙원이라고 부르는 천국에 부자는 영원한 형벌을 받는 곳에 가 있는 것을 보게 됩니다. 거기에서 이제 그 부자가 아브라함과 대화를 하고 또 나사로를 알아보고 이 땅에 있는 자기 형제들을 위해서 도움을 강구하는 그러한 일을 우리가 보게 됩니다.

이 세상과 관계를 하지 않기 때문에 그렇게 한 것이고, 또 잠을 잘 때 우리가 위로를 받고 안식과 평강이 있기 때문에 그러한 표현을 쓴 것뿐입니다.

잠을 잔다고 해서 영혼이 무의식 상태에 들어가는 것은 아닙니다.

누가복음 16장에 보면 나사로와 부자의 예가 있다.

죽은 이후에 즉각적으로 나사로는 아브람의 통행, 즉 천국에 낙원이라고 부르는 천국에 부자는 영원한 형벌을 받는 곳에 가 있는 것을 보게 됩니다.

거기에서 이제 그 부자가 아브람과 대화를 하고, 또 나사로를 알아보고, 이 땅에 있는 자기 형제들을 위해서 도움을 강구하면 그러한 일을 우리가 보게 됩니다. 이것이 예화냐 아니냐 학자간 논쟁이 많습니다.

예수님은 예화를 사용하실 때 실제 사람 임무를 말씀하신 적이 없습

니다.

그래서 이게 예화인지 아닌지 정확하게 결론 내릴 순 없지만, 예화라고 하더라도 예화가 말하고자 하는 실제 교훈을 부인할 순 없습니다.

요한계시록 6장 10절에 요한계시록 6장 10절 10. 큰 소리로 불러 가로되 거룩하고 참되신 대주재여 땅에 거하는 자들을 심판하여 우리 피를 신원하여 주지 아니하시기를 어느 때까지 하시려나이까 하니. 보면, 죽은 자들, 순교한 자들의 영혼이 하나님 앞에 부르짖습니다.

오 주님, 얼마나 오랫동안 주님이 참고 계실 겁니까? 이 세상에 이렇게 불리하게 사탄이 교회를 공격하는데 언제까지 하나님이 의로운 심판을 집행하지 않겠습니까? 라고 말하면서, 의로운 그 순교자의 영원들이 하나님께 간청한다.

얼마나 오래 더 주님, 이 말은 죽은 자들의 영원들이 의식이 없는 것이 아니라, 이 세상의 역사의 어떤 진행에 대해서 의식하고 있다는 것을 우리는 알 수 있다.

연옥은 없습니다.

1). 성경에 연옥은 없습니다.

로마 카톨릭에서는 사람이 죽으면, 특히 그 가톨릭 교인들이 죽으면 대부분은 천국에 바로 들어갈 수 없다고 보고 있습니다.

그 영원히 저 가운데 아직도 회개하지 않은 죄가 남아있기 때문에, 그것을 해결해야만 천국에 들어갈 수 있다고 믿고 있다.

그럼 어떻게 해결이 되는가? 연옥이라고 불리는 곳에 가서 불로 불리우는 진짜 불인지, 또는 어떤 그 영적인 것을 훈련을 시키는 것인지 그것은 다를 수 있겠지만, 거기에 가서 죄에 남아 있는 죄에 대한 죄값을 고통으로 지불하고 마치 불에 타듯하여,

소멸되지 않는 죄값을 다 지불하게 되면 이제 깨끗하게 되어서 천국에 들어간다. 이것이 연옥설입니다.

연옥설에 대한 도대체 성경적인 근거는 어땠을까요? 성경의 근거는 없습니다.

그래서 죽은 자들을 위해서 살아있는 자가 기도할 때, 그 죽은 자가 회귀하지 못하고 죽은 죄에 대해서 하나님이 용서해 주실 것이다. 이렇게 믿는 것이다.

그렇기 때문에 오늘날 로마 카톨릭 교인들이 아, 사람이 죽으면 그 죽은 사람을 위해서 사제들과 교인들이 모여서 기도하는 것입니다.

죄가 사함받기 위해서, 또 그들이 신약성경에서 이곳저곳에서 연옥설에 근거를 갔다가 쓰는 것들이 있다.

2). 성령을 훼방한 자 사하심을 얻지 못함

마태복음 12장 32절에 마태복음 12장 32절 32. 또 누구든지 말로 인자를 거역하면 사하심을 얻되 누구든지 말로 성령을 거역하면 이 세상과 오는 세상에도 사하심을 얻지 못하리라. 성령을 훼방한 자는 이 세상에서도 용서를 받을 수 없고, 오는 세상에서도 용서를 받을 수 없다. 이런 표현이 있습니다. 그래서 가톨릭교회에서는 죄, 용서함이 이 세상에서만 있는 게 아니라 오는 세상에서도 있는 것이다.

그러니까 주님이 이 세상에서도 용서를 받지 못하고, 오는 세상에서도 용서를 받지 못한다.

그러나 성령 훼방죄는 용서를 받지 못하지만, 다른 죄는 오는 세상에서, 이 세상에서 용서받지 못한 건 오는 세상 내가 죽은 이후에 주님이 재림하시기 전까지 그 사이에 용서받을 수 있다.

이렇게 주장을 하고 있습니다. 그러나 마태복음 12장 32절의 핵심은 이 세상에서도 오는 세상에서도 용서받을 수 없다는 거지, 용서받을 수 있는 죄가 따로 있다는 것은 아니다.

고린도전서 3장 15절에 고린도전서 3장 15절 15. 누구든지 공력이 불타면 해를 받으리니 그러나 자기는 구원을 얻되 불 가운데서 얻은 것 같으리라.

이는, 불 가운데서 구원 받는 것 같이, 너희들 중에 지푸라기나 나무나 이런 것들로 건축한 사람이 하나님의 그 불에 연단에서 구원받기는 하되 불 가운데 조건 받는 거 같다. 이렇게 얘기합니다. 그래서 "연옥에서 영적인 어떤, 거룩함을 추구하는 영적인 불이든지, 어떤 종류의 그 불에 의해서 깨끗함을 받고 구원받는다." 이렇게 주장합니다. 그러나 그 고린도전서 3장 고린도전서 3장 1. 형제들아 내가 신령한 자들을 대함과 같이 너희에게 말할 수 없어서 육신에 속한 자 곧 그리스도 안에서 어린 아이들을 대함과 같이 하노라

2. 내가 너희를 젖으로 먹이고 밥으로 아니하였노니 이는 너희가 감당치 못하였음이거니와 지금도 못하리라

3. 너희가 아직도 육신에 속한 자로다 너희 가운데 시기와 분쟁이 있으니 어찌 육신에 속하여 사람을 따라 행함이 아니리요

4. 어떤이는 말하되 나는 바울에게라 하고 다른이는 나는 아볼로에게라 하니 너희가 사람이 아니리요

5. 그런즉 아볼로는 무엇이며 바울은 무엇이뇨 저희는 주께서 각각 주신대로 너희로 하여금 믿게 한 사역자들이니라

6. 나는 심었고 아볼로는 물을 주었으되 오직 하나님은 자라나게 하셨나니

7. 그런즉 심는 이나 물주는 이는 아무 것도 아니로되 오직 자라나게 하시는 하나님 뿐이니라

8. 심는 이와 물주는 이가 일반이나 각각 자기의 일하는대로 자기의

상을 받으리라

9. 우리는 하나님의 동역자들이요 너희는 하나님의 밭이요 하나님의 집이니라

10. 내게 주신 하나님의 은혜를 따라 내가 지혜로운 건축자와 같이 터를 닦아 두매 다른이가 그 위에 세우나 그러나 각각 어떻게 그 위에 세우기를 조심할찌니라

11. 이 닦아 둔것 외에 능히 다른 터를 닦아 둘 자가 없으니 이 터는 곧 예수 그리스도라

12. 만일 누구든지 금이나 은이나 보석이나 나무나 풀이나 짚으로 이 터 위에 세우면

13. 각각 공력이 나타날 터인데 그 날이 공력을 밝히리니 이는 불로 나타내고 그 불이 각 사람의 공력이 어떠한 것을 시험할 것임이니라

14. 만일 누구든지 그 위에 세운 공력이 그대로 있으면 상을 받고

15. 누구든지 공력이 불타면 해를 받으리니 그러나 자기는 구원을 얻되 불 가운데서 얻은 것 같으리라

16. 너희가 하나님의 성전인 것과 하나님의 성령이 너희 안에 거하시는 것을 알지 못하느뇨

17. 누구든지 하나님의 성전을 더럽히면 하나님이 그 사람을 멸하시리라 하나님의 성전은 거룩하니 너희도 그러하니라

18. 아무도 자기를 속이지 말라 너희 중에 누구든지 이 세상에서 지혜 있는 줄로 생각하거든 미련한 자가 되어라 그리하여야 지혜로운 자가 되리라

19. 이 세상 지혜는 하나님께 미련한 것이니 기록된바 지혜 있는 자들로 하여금 자기 궤휼에 빠지게 하시는 이라 하였고

20. 또 주께서 지혜 있는 자들의 생각을 헛것으로 아신다 하셨느니라

21. 그런즉 누구든지 사람을 자랑하지 말라 만물이 다 너희 것임이라

22. 바울이나 아볼로나 게바나 세계나 생명이나 사망이나 지금 것이나 장래 것이나 다 너희의 것이요

23. 너희는 그리스도의 것이요 그리스도는 하나님의 것이니라.

의 문맥은 지금 바울이 구원에 대해서 얘기하는 것이 아니라, 구원받은 사람들의 삶의 열매에 대해서, 보상에 대해서, 상급에 대해서 얘기하고 있는 것이다.

따라서, 그리스도인으로서 하나님 앞에 헌신된 삶을 살지 않은 사람들은 상금을 받지 못할 것이라고 하는 것입니다. 그래서 거기에 보면 너희가 해를 받으리니까 상금을 잃어버릴 것이다.

우리는 이렇게 믿는 것이 성경적이라고 봅니다. 죽으면 바로 낙원(천국)에 갑니다.

3. 죽으면 바로 낙원에 갑니다.

사람이 죽으면 바로 그 영원히 낙원이라고 불리우는 천국에 들어간다고 믿습니다. 믿는 사람의 영혼을 말씀드리는 겁니다.

어떤 분들은 낙원과 천국이 분리된 것으로 얘기하기도 합니다.

그렇지만 고린도후서 12장 2절에고린도후서 12장 2절 2내가 그리스도 안에 있는 한 사람을 아노니 십 사년 전에 그가 세째 하늘에 이끌려 간 자라 (그가 몸 안에 있었는지 몸 밖에 있었는지 나는 모르거니와 하나님은 아시느니라).을 보면 사도 바울이 자기가 3층 창에 갔다. 그렇게 하면서 또 "그 3층 천을 천국 이렇게 낙원" 이렇게 표현하고 있습니다.

계시록 2장 7절에시록 2장 7절 7귀 있는 자는 성령이 교회들에게 하

시는 말씀을 들을찌어다 이기는 그에게는 내가 하나님의 낙원에 있는 생명나무의 과실을 주어 먹게 하리라.서는 요한이 기록한 것을보면,, 예수님께서 "이기는 자에게 생명나무의 열매를 주겠다" 하셨는데, 그 생명나무가 요한계시록 22장에 요한계시록 22장 1. 또 저가 수정 같이 맑은 생명수의 강을 내게 보이니 하나님과 및 어린 양의 보좌로부터 나서

2. 길 가운데로 흐르더라 강 좌우에 생명 나무가 있어 열 두가지 실과를 맺히되 달마다 그 실과를 맺히고 그 나무 잎사귀들은 만국을 소성하기 위하여 있더라

3. 다시 저주가 없으며 하나님과 그 어린 양의 보좌가 그 가운데 있으리니 그의 종들이 그를 섬기며

4. 그의 얼굴을 볼터이요 그의 이름도 저희 이마에 있으리라

5. 다시 밤이 없겠고 등불과 햇빛이 쓸데 없으니 이는 주 하나님이 저희에게 비춰심이라 저희가 세세토록 왕노릇하리로다

6. 또 그가 내게 말하기를 이 말은 신실하고 참된지라 주 곧 선지자들의 영의 하나님이 그의 종들에게 결코 속히 될 일을 보이시려고 그의 천사를 보내셨도다

7. 보라 내가 속히 오리니 이 책의 예언의 말씀을 지키는 자가 복이 있으리라 하더라

8. 이것들을 보고 들은 자는 나 요한이니 내가 듣고 볼 때에 이 일을 내게 보이던 천사의 발 앞에 경배하려고 엎드렸더니

9. 저가 내게 말하기를 나는 너와 네 형제 선지자들과 또 이 책의 말을 지키는 자들과 함께 된 종이니 그리하지 말고 오직 하나님께 경배하라 하더라

10. 또 내게 말하되 이 책의 예언의 말씀을 인봉하지 말라 때가 가까우니라

11. 불의를 하는 자는 그대로 불의를 하고 더러운 자는 그대로 더럽고

의로운 자는 그대로 의를 행하고 거룩한 자는 그대로 거룩되게 하라

12. 보라 내가 속히 오리니 내가 줄 상이 내게 있어 각 사람에게 그의 일한대로 갚아 주리라

13. 나는 알파와 오메가요 처음과 나중이요 시작과 끝이라

14. 그 두루마기를 빠는 자들은 복이 있으니 이는 저희가 생명 나무에 나아가며 문들을 통하여 성에 들어갈 권세를 얻으려 함이로다

15. 개들과 술객들과 행음자들과 살인자들과 우상 숭배자들과 및 거짓말을 좋아하며 지어내는 자마다 성밖에 있으리라

16. 나 예수는 교회들을 위하여 내 사자를 보내어 이것들을 너희에게 증거하게 하였노라 나는 다윗의 뿌리요 자손이니 곧 광명한 새벽별이라 하시더라

17. 성령과 신부가 말씀하시기를 오라 하시는도다 듣는 자도 오라 할 것이요 목마른 자도 올 것이요 또 원하는 자는 값 없이 생명수를 받으라 하시더라

18. 내가 이 책의 예언의 말씀을 듣는 각인에게 증거하노니 만일 누구든지 이것들 외에 더하면 하나님이 이 책에 기록된 재앙들을 그에게 더하실 터이요

19. 만일 누구든지 이 책의 예언의 말씀에서 제하여 버리면 하나님이 이 책에 기록된 생명 나무와 및 거룩한 성에 참예함을 제하여 버리시리라

20. 이것들을 증거하신 이가 가라사대 내가 진실로 속히 오리라 하시거늘 아멘 주 예수여 오시옵소서

21. 주 예수의 은혜가 모든 자들에게 있을찌어다 아멘.

에서 보면 어디에 있죠? 새 하늘과 새 땅인 새 예루살렘, 즉 영원한 천국에 있습니다.

즉 바울과 예수님은 낙원과 천국이란 단어를 동의어로 사용하셨습니다. 또 주님께서도 죽으실 때 아버지와 내 영혼을 받아 주시옵소서, 성부

하나님께서 천국에 그분의 인재를 가지고 계신 거죠.

그리스도인들은 죽으면 바로 예수님과 만나는 것입니다. 그래서 사도행전 7장 59절에 사도행전 7장 59절 59저희가 돌로 스데반을 치니 스데반이 부르짖어 가로되 주 예수여 내 영혼을 받으시옵소서 하고.

에서 보면 "주 예수여 내 영혼을 받아 주옵소서" 스데반 집사가 죽기 전에 얘기한거죠. "주 예수여 내 영혼을 받아 주옵소서"

고린도후서 5장 8절에 고린도후서 5장 8절 8. 우리가 담대하여 원하는 바는 차라리 몸을 떠나 주와 함께 거하는 그것이라.에서 보면 바울이 차라리 몸을 떠나 저와 함께 있는 것을 원한다고 했습니다. 몸을 떠나는 건 죽는 겁니다.

죽으면 바로 우리의 영이 주님과 함께 있는 것입니다.

빌립보서 1장 3절에 빌립보서 1장 3절 3. 내가 너희를 생각할 때마다 나의 하나님께 감사하며. 에서 보면, "내가 그리스도와 함께 있는 것이 훨씬 더 좋은 일이다. 이 육체 가운데에 있는 것은 하나님이 주신 사명을 이루기 위한 것이고, 그러나 나의 더 간절하게 원하는 것은 이 육체의 몸에서 떠나 주님과 영으로 교제하는 것이다." 이렇게 얘기하고 있습니다.

예수님도 하나님과 함께 계셨다. 여기에서 주님과 함께 있다. 그래서 요한복음 1장 1절에도 "태초의 말씀이 계시니라 이 말씀이 하나님과 함께 계셨다."

1). 창조전에 예수님은 하나님과 함께 계셨다.

하나님과 함께 있는 건 성자께서 존재만 있었던 것이 아니고요, 성자께서 의식을 가지고 성부 하나님과 영원한 교제를 하고 계셨던 것입니다.

마찬가지로 바울이 "내가 몸을 떠나 주님과 함께 있고 싶다. 주님과 함께 있는 것이 더 좋다 라고 한 것은 단순히 자기 영혼이 주님의 은혜

가운데 잠을 자고 있을 것이 다가 아니라, 주님과 교제하게 될 것이라"는 것을 얘기한 것입니다.

누가복음 16장에 누가복음 16장 1. 또한 제자들에게 이르시되 어떤 부자에게 청지기가 있는데 그가 주인의 소유를 허비한다는 말이 그 주인에게 들린지라

2. 주인이 저를 불러 가로되 내가 네게 대하여 들은 이 말이 어찜이뇨 네 보던 일을 셈하라 청지기 사무를 계속하지 못하리라 하니

3. 청지기가 속으로 이르되 주인이 내 직분을 빼앗으니 내가 무엇을 할꼬 땅을 파자니 힘이 없고 빌어 먹자니 부끄럽구나

4. 내가 할 일을 알았도다 이렇게 하면 직분을 빼앗긴 후에 저희가 나를 자기 집으로 영접하리라 하고

5. 주인에게 빚진 자를 낱낱이 불러다가 먼저 온 자에게 이르되 네가 내 주인에게 얼마나 졌느뇨

6. 말하되 기름 백 말이니이다 가로되 여기 네 증서를 가지고 빨리 앉아 오십이라 쓰라 하고

7. 또 다른이에게 이르되 너는 얼마나 졌느뇨 가로되 밀 백 석이니이다 이르되 여기 네 증서를 가지고 팔십이라 쓰라 하였는지라

8. 주인이 이 옳지 않은 청지기가 일을 지혜 있게 하였으므로 칭찬하였으니 이 세대의 아들들이 자기 시대에 있어서는 빛의 아들들보다 더 지혜로움이니라

9. 내가 너희에게 말하노니 불의의 재물로 친구를 사귀라 그리하면 없어질 때에 저희가 영원한 처소로 너희를 영접하리라

10. 지극히 작은 것에 충성된 자는 큰 것에도 충성되고 지극히 작은 것에 불의한 자는 큰 것에도 불의하니라

11. 너희가 만일 불의한 재물에 충성치 아니하면 누가 참된 것으로 너희에게 맡기겠느냐

12. 너희가 만일 남의 것에 충성치 아니하면 누가 너희의 것을 너희에게 주겠느냐

13. 집 하인이 두 주인을 섬길 수 없나니 혹 이를 미워하고 저를 사랑하거나 혹 이를 중히 여기고 저를 경히 여길 것임이니라 너희가 하나님과 재물을 겸하여 섬길 수 없느니라

14. 바리새인들은 돈을 좋아하는 자라 이 모든 것을 듣고 비웃거늘

15. 예수께서 이르시되 너희는 사람 앞에서 스스로 옳다 하는 자이나 너희 마음을 하나님께서 아시나니 사람 중에 높임을 받는 그것은 하나님 앞에 미움을 받는 것이니라

16. 율법과 선지자는 요한의 때까지요 그 후부터는 하나님 나라의 복음이 전파되어 사람마다 그리로 침입하느니라

17. 그러나 율법의 한 획이 떨어짐보다 천지의 없어짐이 쉬우리라

18. 무릇 그 아내를 버리고 다른데 장가드는 자도 간음함이요 무릇 버리운이에게 장가드는 자도 간음함이니라

19. 한 부자가 있어 자색 옷과 고운 베옷을 입고 날마다 호화로이 연락하는데

20. 나사로라 이름한 한 거지가 헌데를 앓으며 그 부자의 대문에 누워

21. 부자의 상에서 떨어지는 것으로 배불리려 하매 심지어 개들이 와서 그 헌데를 핥더라

22. 이에 그 거지가 죽어 천사들에게 받들려 아브라함의 품에 들어가고 부자도 죽어 장사되매

23. 저가 음부에서 고통 중에 눈을 들어 멀리 아브라함과 그의 품에 있는 나사로를 보고

24. 불러 가로되 아버지 아브라함이여 나를 긍휼히 여기사 나사로를 보내어 그 손가락 끝에 물을 찍어 내 혀를 서늘하게 하소서 내가 이 불꽃 가운데서 고민하나이다

25. 아브라함이 가로되 애 너는 살았을 때에 네 좋은 것을 받았고 나사로는 고난을 받았으니 이것을 기억하라 이제 저는 여기서 위로를 받고 너는 고민을 받느니라

26. 이뿐 아니라 너희와 우리 사이에 큰 구렁이 끼어 있어 여기서 너희에게 건너가고자 하되 할 수 없고 거기서 우리에게 건너 올 수도 없게 하였느니라

27. 가로되 그러면 구하노니 아버지여 나사로를 내 아버지의 집에 보내소서

28. 내 형제 다섯이 있으니 저희에게 증거하게 하여 저희로 이 고통 받는 곳에 오지 않게 하소서

29. 아브라함이 가로되 저희에게 모세와 선지자들이 있으니 그들에게 들을찌니라

30. 가로되 그렇지 아니하니이다 아버지 아브라함이여 만일 죽은 자에게서 저희에게 가는 자가 있으면 회개하리이다

31. 가로되 모세와 선지자들에게 듣지 아니하면 비록 죽은 자 가운데서 살아나는 자가 있을찌라도 권함을 받지 아니하리라 하였다 하시니라.

에서 보면 죽은 다음에 예수님의 그 제자들을 대표하는 나사로와 또 예수님의 복음을 듣지 않는 부자로 대표하는 이 죄인들이 그 운명이 결코 바뀔 수 없다는 것입니다.

아브라함이 부자에게 이렇게 얘기합니다. "내가 있는 곳으로도 할 수 없고 너도 우리에게 올 수 없다."

사람이 일단 죽으면 그 운명은 완전히 고정되는 것입니다. 회개는 죽기 전까지 가능한 것입니다.

2). 예수님은 다시 재림 하실 것이다.

죽은 다음에는 셀 컨텐스가 두 번째 기회가 없는 것입니다.

이제 그 주님이 오실 때까지 그리스도인들은 죽으면 낙원이라 불리는 천국에서 주님과 함께 교제하게 될 것이고, 죄인은 지옥에 가서 형벌을 받게 될 것입니다.

그런데 주님이 이제 오심으로 정말 이 우주적인 종말은 시작이 됩니다.

이것을 재림이라고 부릅니다. 왜 주님이 다시 오셔야만 할까요? 주님이 창조하시고 구원을 시작하셨지만, 그 모든 것들이 아직 완성되지 않았습니다.

주님의 모든 것들이 시작은 되었지만, 아직 이루어지지 않았는데, 주님이 재림하실 때 그 모든 주님의 창조와 구원의 목적은 완성될 것입니다.

또 우리의 육체가 하나님 영이나 한인 나라에 가서 살기는 부족합니다. 우리의 육체는 아직도 죄에 노출이 되어 있고, 우리의 인간성은 변화가 되어가고 있지만 여전히 죄의 노출이 되어 있습니다. 죽음을 피할 수가 없습니다.

그래서 우리의 육체성이 완전히 부활함으로 죽음의 세력을 끝내고 부활한 생명으로 가득 차서 불멸에 그 육체를 인간성을 갖게 되어야 영원한 나라에서 하나님과 영원히 살 수 있게 됩니다.

또 주님이 오심으로 이제 마지막 심판이 일어납니다. 지금도 주님은 심판을 하십니다.

지금도 믿지 않는 자들을 심판하시고 믿는 자들에게 상금을 주시지만, 그러나 주님의 의로움이 온전하게 다 드러진지 않으며, 때로는 의인이 죽기도 합니다.

때로는 의인이 실패하기도 합니다. 하나님의 종이 고난을 받고 순교하기도 합니다.

그렇지만 그것은 최후 심판이 일어나지 않기 때문에 하나님의 종이 이 세상에서 망하는 것처럼 보일 뿐이지, 실제로는 그리스도가 재림하실 때에 최후 심판을 통해서 누가 하나님 앞에 칭찬 드릴 것이고 누가 하나님 앞에 심판받을 것인지가 적나라하게 드러나게 될 것입니다.

예수님이 오실 때 천년 동안 살 것입니다.

4. 예수님이 오실 때 천년동안 살 것이다.

이제 예수님이 재림하시면 종말론의 관점에 따라서는 이 땅에 그리스도가 다스리는 천년 왕국이 그리스도의 왕국이 세워질 거라고 믿는 분들도 있습니다.

그다음에 의해 천년이든지 천년과 가까운 그러한 긴 기간 동안 이든지, 그 기간이 끝난 다음에 이제 새 하늘과 세 땅이 노래에서 영원한 천국으로 들어갈 것이라고 믿고 있는 분들이 있습니다.

우리가 이제 주님이 이 땅에 오시게 되면 죽은 자들이 부활하게 됩니다.

어떤 분들은 구약에 죽은 자의 부활에 대한 믿음 자체가 없다. 이렇게 얘기하겠지만, 정확하게 보시면 이사야서 26장 19절, 욥기 19장 26절, "나의 구속자를 내가 내 육체 밖에서 이제 보게 될 것이고, 일체 안에서 보게 될 것이고, 다니엘서 12장 2절에 땅 끝에 있는 그 티끌과 같은 네 그런 죽은 자들이 일어나게 될 것이고 말씀하시고요, 에스겔서 37장,

에스겔서 37장 1. 여호와께서 권능으로 내게 임하시고 그 신으로 나를 데리고 가서 골짜기 가운데 두셨는데 거기 뼈가 가득하더라

2. 나를 그 뼈 사방으로 지나게 하시기로 본즉 그 골짜기 지면에 뼈가 심히 많고 아주 말랐더라

3. 그가 내게 이르시되 인자야 이 뼈들이 능히 살겠느냐 하시기로 내가 대답하되 주 여호와여 주께서 아시나이다

4. 또 내게 이르시되 너는 이 모든 뼈에게 대언하여 이르기를 너희 마른 뼈들아 여호와의 말씀을 들을찌어다

5. 주 여호와께서 이 뼈들에게 말씀하시기를 내가 생기로 너희에게 들어가게 하리니 너희가 살리라

6. 너희 위에 힘줄을 두고 살을 입히고 가죽으로 덮고 너희 속에 생기를 두리니 너희가 살리라 또 나를 여호와인줄 알리라 하셨다 하라

7. 이에 내가 명을 좇아 대언하니 대언할 때에 소리가 나고 움직이더니 이 뼈, 저 뼈가 들어 맞아서 뼈들이 서로 연락하더라

8. 내가 또 보니 그 뼈에 힘줄이 생기고 살이 오르며 그 위에 가죽이 덮이나 그 속에 생기는 없더라

9. 또 내게 이르시되 인자야 너는 생기를 향하여 대언하라 생기에게 대언하여 이르기를 주 여호와의 말씀에 생기야 사방에서부터 와서 이 사망을 당한 자에게 불어서 살게 하라 하셨다 하라

10. 이에 내가 그 명대로 대언하였더니 생기가 그들에게 들어가매 그들이 곧 살아 일어나서 서는데 극히 큰 군대더라

11. 또 내게 이르시되 인자야 이 뼈들은 이스라엘 온 족속이라 그들이 이르기를 우리의 뼈들이 말랐고 우리의 소망이 없어졌으니 우리는 다 멸절되었다 하느니라

12. 그러므로 너는 대언하여 그들에게 이르기를 주 여호와의 말씀에 내 백성들아 내가 너희 무덤을 열고 너희로 거기서 나오게하고 이스라엘 땅으로 들어가게 하리라

13. 내 백성들아 내가 너희 무덤을 열고 너희로 거기서 나오게 한즉 너희가 나를 여호와인줄 알리라

14. 내가 또 내 신을 너희 속에 두어 너희로 살게 하고 내가 또 너희를

너희 고토에 거하게 하리니 나 여호와가 이 일을 말하고 이룬 줄을 너희가 알리라 나 여호와의 말이니라 하셨다 하라

15. 여호와의 말씀이 또 내게 임하여 가라사대

16. 인자야 너는 막대기 하나를 취하여 그 위에 유다와 그 짝 이스라엘 자손이라 쓰고 또 다른 막대기 하나를 취하여 그 위에 에브라임의 막대기 곧 요셉과 그 짝 이스라엘 온 족속이라 쓰고

17. 그 막대기들을 서로 연합하여 하나가 되게 하라 네 손에서 둘이 하나가 되리라

18. 네 민족이 네게 말하여 이르기를 이것이 무슨 뜻인지 우리에게 고하지 아니하겠느냐 하거든

19. 너는 곧 이르기를 주 여호와의 말씀에 내가 에브라임의 손에 있는 바 요셉과 그 짝 이스라엘 지파들의 막대기를 취하여 유다의 막대기에 붙여서 한 막대기가 되게 한즉 내 손에서 하나가 되리라 하셨다 하고

20. 너는 그 글 쓴 막대기들을 무리의 목전에서 손에 잡고

21. 그들에게 이르기를 주 여호와의 말씀에 내가 이스라엘 자손을 그 간바 열국에서 취하며 그 사면에서 모아서 그 고토로 돌아가게 하고

22. 그 땅 이스라엘 모든 산에서 그들로 한 나라를 이루어서 한 임금이 모두 다스리게 하리니 그들이 다시는 두 민족이 되지 아니하며 두 나라로 나누이지 아니할찌라

23. 그들이 그 우상들과 가증한 물건과 그 모든 죄악으로 스스로 더럽히지 아니하리라 내가 그들을 그 범죄한 모든 처소에서 구원하여 정결케 한즉 그들은 내 백성이 되고 나는 그들의 하나님이 되리라

24. 내 종 다윗이 그들의 왕이 되리니 그들에게 다 한 목자가 있을 것이라 그들이 내 규례를 준행하고 내 율례를 지켜 행하며

25. 내가 내 종 야곱에게 준 땅 곧 그 열조가 거하던 땅에 그들이 거하되 그들과 그 자자 손손이 영원히 거기 거할 것이요 내 종 다윗이 영원히

그 왕이 되리라

26. 내가 그들과 화평의 언약을 세워서 영원한 언약이 되게 하고 또 그들을 견고하고 번성케 하며 내 성소를 그 가운데 세워서 영원히 이르게 하리니

27. 내 처소가 그들의 가운데 있을 것이며 나는 그들의 하나님이 되고 그들은 내 백성이 되리라

28. 내 성소가 영원토록 그들의 가운데 있으리니 열국이 나를 이스라엘을 거룩케 하는 여호와인줄 알리라 하셨다 하라.

신약에도 믿는 자와 믿지 않는 자의 부활에 대한 언급이 있습니다. 부활을 믿는 사람만 받는 것이라고 생각하면 안 됩니다.

요한복음 5장 28-29절에 요한복음 5장 28-29절 28. 이를 기이히 여기지 말라 무덤 속에 있는 자가 다 그의 음성을 들을 때가 오나니 29. 선한 일을 행한 자는 생명의 부활로, 악한 일을 행한 자는 심판의 부활로 나오리라.

에서 보면, 이제 마지막 때는 생명의 부활로, 의인은 생명의 부활로, 아기는 심판의 부활로, 여기서 말하는 의인은 요한복음에서 예수 그리스도의 복음을 받아들이므로, 하나님의 자녀가 된 자들, 즉 믿는 자들은 생명을 더 누리기 위한 부활을, 믿지 않는 자들은 하나님의 심판을 받아 영원한 형벌을 견디기 위해서 그들에게도 불멸하는 육체성과 생명이 필요함을 말씀 하십니다.

그래서 그들도 부활의 몸을 입게 됩니다. 그러나 그 부활의 몸은 축복이 아니라 믿지 않는 자이기에 하나님이 복 주시는 것이 아니라 저주인 것 입니다.

왜 부활의 몸이 필요할까요? 사람을 구원할 때는 영혼만 구원받아선 안 됩니다.

1). 영혼과 육체가 같이 부활할 것이다.

하나님이 사람을 영혼과 육체의 연합체로 처음부터 창조했습니다.

죄는 사람의 영혼만 죄로 물들게 하고 불편한 것이 아니라 육체까지도 부패하고 물들고 죽게 만들었습니다.

따라서 하나님의 구원이 완성되기 위해서는 우리의 영혼만 죄로부터 구원받는 것이 아니라 우리의 육체도 온전히 구원받아서 연합되어야 하는 것입니다.

기독교의 신앙은 영혼과 육체가 부활을 통해서 다시 연합되어서 죽지 않고, 영원토록 하나님의 나라 새 하늘과 새 땅을 통해서 그리스도와 함께 교제하고 3일째 하나님과 사랑을 나누는 것입니다.

5. 심판도 영혼과 육체가 같이 심판 받는다.

심판도 마찬가지입니다. 영혼만 심판받는 것이 아닙니다.

비록 영혼이 죄를 짓지만, 그러나 그 죄는 육체를 통해서 이루어지기 때문에, 또 죄의 쾌락을 육체가 누르기 때문에 영혼과 육체가 함께 심판을 받는 것입니다.

따라서, 죄인이 지금 주님이 재림하기 전에 죽는다면 그의 영혼은 지옥에서 일시적인 부분적인 형벌을 받는 것입니다.

그러나 마지막 부활을 통해서 육체와 그 영혼이 연합된 다음에 그 지옥에서 받는 형벌은 지금 영혼만 가지고 받는 그 형벌보다 훨씬 더 차원이 다른 형벌을 받게 될 것입니다.

우리도 마찬가지입니다. 우리의 영혼이 지금 낙원이라고 불리는 천국에 죽어서 간다고 할 때, 그것이 우리의 가장 큰 지옥은 아닙니다.

우리의 가장 큰 희곡은 아직 남아 있습니다.

우리가 죽어서 가는 낙원에 평강이 있고 죄가 더 이상 없는 거 맞습니다.안식이 있는 것 맞습니다.

부활하신 주님과 교제하는 것, 기쁨이 있는 것 맞습니다.

그러나 가장 큰 기쁨과 복은 우리의 육체가 부활되어서 우리의 온전한 영혼과 연합되어 우리가 그리스도와 함께 새 하늘과 새 땅에서 사는 것입니다.

심판 기준이 무엇일까요? 성경에는 행위라고 얘기하고 있습니다.

1). 우리의 행위대로 심판 받는다.

행위는 참 신앙의 증거입니다. 그래서 마태복음 16장 27절, 마태복음 16장 27절 27인자가 아버지의 영광으로 그 천사들과 함께 오리니 그 때에 각 사람의 행한대로 갚으리라 25장 34절,마태복음 25장 34절 34그 때에 임금이 그 오른편에 있는 자들에게 이르시되 내 아버지께 복 받을 자들이여 나아와 창세로부터 너희를 위하여 예비된 나라를 상속하라. 36절,마태복음 25장 36절 36벗었을 때에 옷을 입혔고 병들었을 때에 돌아보았고 옥에 갇혔을 때에 와서 보았느니라.

고린도후서 5장 10절,고린도후서 5장 10절 10이는 우리가 다 반드시 그리스도의 심판대 앞에 드러나 각각 선악간에 그 몸으로 행한 것을 따라 받으려 함이라. 요한복음 5장 29절, 요한계시록 20장 12절 전부 다 그 몸에 행한 대로 따라 받을 것이다.

특별히 고린도후서, 5장 10절에는 바울이 교회에게 주는 말씀인데, 우리가 다 반드시 그리스도의 심판대 앞에 나타나게 됩니다.

2). 심판은 선악간의 심판대 앞에 섭니다.

"각각 선악간에 그 몸으로 행한 것을 따라 받으려 함이라."

그리스도인들도, 하나님 앞에 심판을 받습니다.

기준은 행위입니다. 그러면 우리 그리스도인들이 인신 칭의 믿음으로 어렵게 된다고 배웠고, 예수님을 믿으면 사망에서 생명으로 옮기고, 심판에서 하나님의 나라로 영생을 옮긴다고 했는데, 그럼 이 말은 어떻게 되는 것입니까?

서로 이 반대가 되는 말씀이 아닙니다. 성경에는 두 가지 의미의 심판이 있습니다. 하나는 정죄에, 너는 죄인이다.

6. 심판은 상급이 있습니다.

너는 영원히 형벌을 받아야 된다. 이러한 정죄에 심판이고요, 또 하나의 심판은 상급의 심판이 있습니다.

고린도전서 3장에 각각 그리스도인들이 자기 신앙의 집을 짓는 데 대해 금과 은과 보석으로 짓는 자기를 부인하고, 하나님께 헌신하고 성령의 능력으로 사로잡혀서 순종함으로 신앙생활 하신 분들이 있고, 또 다른 분들은 그렇게 하지 않고 싼 재료들, 그것은 자기를 부인하지 않고 자기를 헌신하지 않은, 그러한 믿음의 분량이 적었던 분들, 그런 분들이 마지막에 그 공력을 시험받는다고 했습니다.

그때 에 우리 그리스도인들도 행위로 심판을 받게 되는 것입니다.

왜 칭의 받은 그리스도인들이 심판대에 서야 하는가? 루이스 벌코프라 조직 신학자는 그의 책 조직신학 책에서 이렇게 얘기했습니다.

"성경은 우리로 하여금 그리스도인들의 죄가 다 드러날 것을 애기한다." 그러나 그 드러날 때 정제를 바뀌어서가 아니라 이미 예수 그리스안에서 용서받은 죄로 드러나게 될 것이다.

저것은 무엇일까요? 그리스도인들이 그 심판 속에서 자기 행위를 통해 죄가 드러나게 될 때 참으로 하나님의 은혜를 깊이 깨닫게 된다는 것입니다.

지금도 우리는 하나님의 은혜를 깨닫고 있습니다. 그러나 그 심판대에 가면 "나의 죄가 드러날 때 나 같은 죄인이 정말 예수님 아니었으면 나도 저 죄인들처럼 지옥가야 되는데, 예수 그리스도를 위해서 내가 죄사함 받고 하나님의 나라에 들어가게 됐구나. 나는 정말 가치가 없는 존재," 그러면서 우리가 하나님의 은혜에 참으로 아주 깊이 살아있을 때보다 더 감사하게 될 것이라고 우리가 믿고 있습니다.

베드로전서 4장 17절에 베드로전서 4장 17절 17하나님의 집에서 심판을 시작할 때가 되었나니 만일 우리에게 먼저 하면 하나님의 복음을 순종하지 아니하는 자들의 그 마지막은 어떠하며.에는 하나님의 심판이 평가를 애기하는 겁니다. 정죄가 아니고요, 하나님의 집에서부터, 즉 믿는 자들에게서부터 시작될 것이라고 애기하고 있습니다.

이제 우리가 천년 왕국에 대해서 살펴보겠습니다. 교단마다 입장이 다릅니다.

7. 천년 왕국의 여러 견해들이 있기도 합니다.

또 신학자마다 개인마다 입장 차이가 있습니다. 예수님께서 이 땅에 재림하셔서서 천년 동안, 아니면 그만큼의 긴 시간 동안 부활한 성도들과 함께 이 세상에서 왕 노릇 할 것이다. 이렇게 믿는 것이 천년 왕국입니다.

여기에 이제 역사적으로 교회사에 나타난 주요 입장들을 소개해 드리겠습니다.

역사적 전천년설이 있습니다. 이것은 주후 2세기에 교부들이, 그리고 5세기까지 어거스틴이 있기까지 대부분에 교부들이 믿었던 견해입니다.

예수님이 이 땅에 재림하시고, 그 다음에 지상에 천년 왕국이 생기고, 마지막 천년 왕국, 마지막에 사탄이 최후 반란을 일으키고, 그리스도께서 그 최후 반란을 진압하시고, 이제 믿지 않는 자들의 부활과 최후 심판, 그리고 영원한 새 하늘과 새 땅으로 들어간다. 이것이 이제 초대 교부들의 견해였고, 현재는 복음 지지자들 중에 멜라디 에릭슨이나 웨인 굴 더미나 이런 신학자 분들이 역사적 전천년설을 믿고 있습니다.

후천년설은 주후 5세기경 4세기에서 5세기경에 생겨났는데, 교회 역사학자 유세비우스라는 사람에 의해서 생겨났습니다. 후천년설은 복음이 전파되어서 믿지 않는 사람들이 회심하고, 그런데 한두 명이 회심하는 것이 아니고, 결국에는 복음의 능력으로 온 인류가 그리스도에게 돌아오고 이 땅에 하나님의 나라가 진짜 임하게 된다는 것입니다.

예수님이 재림하기 전에요. 그래서 정치, 경제, 문화, 예술 모든 인간의 활동이 국가 자체가 기독교화되는 것입니다.

이렇게 생각했던 것은 유세비우스는 콘스탄틴 황제를 바라보면서 콘스탄틴 황제가 마치 하나님이 보내신 새로운 다윗과 같이 이 땅에 하나님의 나라를 건설할 그런 새로운 다윗 메시아처럼 보았던 측면이 있습니다.

그래서 하나님 나라와 로마제국을 동일시했던 것입니다. 이러한 생각이 교회 역사에서 사라지다가 다시 한번 또 꽃을 피우게 된 것이고, 선교가 부흥하고, 이 교회에 대풍 운동이 일어나면서, 그리고 산업화가 일어나면서 영국과 미국의 후천년주의가 다시 한번 생겨났습니다.

그래서 어떤 목회자들과 교회들은 아 이렇게 많은 사람이 회심하고, 매춘부들이 주님께 회개하고 돌아오고, 술집이 문을 닫고, 국가의 법이 주일을 지키게 하고, 정직한 사람들이 국가의 정치인들이 되고, 주일을 지키고, 이런 것을 보면서 정말 조만간의 이 사회가 이 세상에 하나님 나라로 바뀔 것이라고 믿는 사람들이 있었습니다.

1). 후천년을 따르는 사람들도 있기도 합니다.

대표적으로 조나단 에드워즈 대부흥이 있었던 신학자이죠. 그분도 후천년주의를 믿었고요, 아직도 그렇게 믿고 있는 분들이 있지만, 지금 이제 후천년주의는 대다수의 입장을 차지하지는 못합니다.

세계 1차, 2차 세계 대전이 지나가면서 사람들은 "이 세상의 부흥으로 인해서 유토피아같이 성경에 있는 그러한 완전한 하나님 나라로 바뀔 수 있다."라는 희망을 버리게 되었습니다.

폐쇄적이고 비관적으로 바뀌었다기보다는 보다 더 인간성에 대해서 현실성을 가지게 되었고, 요한계시록만 보아도 요한계시록에 주님의 재림 전까지의 기록들은 세상이 더 악해진다고 얘기하고 있기 때문입니다.

무천년주의, 이것은 초대교회 3세기의 신학자 어거스틴에 의해서 주후 5세기에 시작되었습니다. 후천년주의가 있고, 바로 그 다음에 나온 것이 무천년입니다.

어거스틴은 이 땅에 하나님 나라가 이루어질 수 있다는 것에 대해서 부정적이었습니다.

아무리 기독교 황제가 세상을 다스린다고 해도 인간성과 사회에 있는 악, 이 세상 자체는 그리스도께서 오시기 전에는 바뀔 수 없다는 생각을 가졌습니다.

그리고 어거스틴은 "이 땅에 하나님의 나라가 이루어지는 것이 아니라 지금 교회를 통해서 우리의 영웅 가운데 하나님의 나라가 이루어지고 있다." 이렇게 믿었습니다.

즉, "천년 왕국을 기다리는 것이 아니라 천년 왕국을 지금 누리는 것이다." 이런 견해가 로마 카톨릭의 견해이기도 하고, 또 칼빈의 견해이기도 하고, 오늘날 많은 개혁주의 전통에 있는 교회들의 신앙이기도 합니다.

2). 세대주의 천년설을 따르기도 합니다.

세대주의 전천년설은, 역사로 보면 주후 19세기에 생겨난 겁니다.

주후 2000년 기독교 역사에서 생겨난지 가장 짧은 견해이고, 세대주의는 역사적 전천년주의와 같은 거는 이 땅에 주님이 재림하시기 전에 이 땅에 지상 천년 왕국이 있을 것이라는 건 같지만 성격이 다릅니다.

교회가 역사적으로 믿어 왔던 천년 왕국, 이 땅에 세워지는 그리스도의 왕국은 교회가 중심이 되는 왕국입니다.

그런데 세대주의에서는 이스라엘이 중심이 됩니다.

그래서 이 땅에서 제사장 나라의 역할을 하고 이 메시아 왕국의 수도가 현재 예루살렘이 될 것이고, 성전 예배가 회복되고 희생 드리는 제사 제도가 회복될 것입니다.

세대주의에서 말하는 성전 예배와 동물의 희생 제사의 회복은 예수 그리스도의 구원 사건을 부인하겠다는 것이 아니고, 마치 우리가 오늘날 성만찬을 할 때 떡과 포도주가 예수님이 실제 피와 살은 아니죠.

우리는 가톨릭 교인들과 다릅니다. 이 세대주의에서는 천년 왕국 때에 이 땅에서 제사장 나라 역할을 하는 이스라엘이 바로 그런 성전제사를 통하여 예수 그리스도의 그 희생 사건을 믿지 않는 사람들과 이방인들에게 실물교육을 시킬 것이다. 이런 의미에서 얘기하고 있는 것입니다.

이 종말론의 견해, 특별히 천연한 것에 대한 견해는, 어떤 다른 입장에 있다고 해서 이단이라고 말할 수 없습니다.

3). 천년왕국은 각자 입장이 다를 수 있습니다.

이제 이 천년 왕국에서 계시록 20장 1절(계시록 20장 1절 1또 내가 보매 천사가 무저갱의 열쇠와 큰 쇠사슬을 그의 손에 가지고 하늘로부터 내려와서.과 6절에 계시록 20장 6절 6이 첫째 부활에 참여하는 자들은 복이 있고 거룩하도다 둘째 사망이 그들을 다스리는 권세가 없고 도리어 그들이 하나님과 그리스도의 제사장이 되어 천 년 동안 그리스도와 더불어 왕 노릇 하리라. 하며 이에대한 해석이 제일 중요합니다.

계시록 20장 1절과 6절이 가장 중요한 해석에 차이를 가져옵니다.

무천년에서는 그 계시록 20장(계시록 20장 1. 또 내가 보매 천사가 무저갱의 열쇠와 큰 쇠사슬을 그의 손에 가지고 하늘로부터 내려와서

2. 용을 잡으니 곧 옛 뱀이요 마귀요 사탄이라 잡아서 천 년 동안 결박하여

3. 무저갱에 던져 넣어 잠그고 그 위에 인봉하여 천 년이 차도록 다시는 만국을 미혹하지 못하게 하였는데 그 후에는 반드시 잠깐 놓이리라

4. 또 내가 보좌들을 보니 거기에 앉은 자들이 있어 심판하는 권세를 받았더라 또 내가 보니 예수를 증언함과 하나님의 말씀 때문에 목 베임을 당한 자들의 영혼들과 또 짐승과 그의 우상에게 경배하지 아니하고 그들의 이마와 손에 그의 표를 받지 아니한 자들이 살아서 그리스도와 더불어 천 년 동안 왕 노릇 하니

5. (그 나머지 죽은 자들은 그 천 년이 차기까지 살지 못하더라) 이는 첫째 부활이라

6. 이 첫째 부활에 참여하는 자들은 복이 있고 거룩하도다 둘째 사망이 그들을 다스리는 권세가 없고 도리어 그들이 하나님과 그리스도의 제사장이 되어 천 년 동안 그리스도와 더불어 왕 노릇 하리라

7. 천 년이 차매 사탄이 그 옥에서 놓여

8. 나와서 땅의 사방 백성 곧 곡과 마곡을 미혹하고 모아 싸움을 붙이

리니 그 수가 바다의 모래 같으리라

9. 그들이 지면에 널리 퍼져 성도들의 진과 사랑하시는 성을 두르매 하늘에서 불이 내려와 그들을 태워버리고

10. 또 그들을 미혹하는 마귀가 불과 유황 못에 던져지니 거기는 그 짐승과 거짓 선지자도 있어 세세토록 밤낮 괴로움을 받으리라

11. 또 내가 크고 흰 보좌와 그 위에 앉으신 이를 보니 땅과 하늘이 그 앞에서 피하여 간 데 없더라

12. 또 내가 보니 죽은 자들이 큰 자나 작은 자나 그 보좌 앞에 서 있는데 책들이 펴 있고 또 다른 책이 펴졌으니 곧 생명책이라 죽은 자들이 자기 행위를 따라 책들에 기록된 대로 심판을 받으니

13. 바다가 그 가운데에서 죽은 자들을 내주고 또 사망과 음부도 그 가운데에서 죽은 자들을 내주매 각 사람이 자기의 행위대로 심판을 받고

14. 사망과 음부도 불못에 던져지니 이것은 둘째 사망 곧 불못이라

15. 누구든지 생명책에 기록되지 못한 자는 불못에 던져지더라.

과 계시록 19장계시록 19장 1. 이 일 후에 내가 들으니 하늘에 허다한 무리의 큰 음성 같은 것이 있어 이르되 할렐루야 구원과 영광과 능력이 우리 하나님께 있도다

2. 그의 심판은 참되고 의로운지라 음행으로 땅을 더럽게 한 큰 음녀를 심판하사 자기 종들의 피를 그 음녀의 손에 갚으셨도다 하고

3. 두 번째로 할렐루야 하니 그 연기가 세세토록 올라가더라

4. 또 이십사 장로와 네 생물이 엎드려 보좌에 앉으신 하나님께 경배하여 이르되 아멘 할렐루야 하니

5. 보좌에서 음성이 나서 이르시되 하나님의 종들 곧 그를 경외하는 너희들아 작은 자나 큰 자나 다 우리 하나님께 찬송하라 하더라

6. 또 내가 들으니 허다한 무리의 음성과도 같고 많은 물 소리와도 같고 큰 우렛소리와도 같은 소리로 이르되 할렐루야 주 우리 하나님 곧 전

능하신 이가 통치하시도다

7. 우리가 즐거워하고 크게 기뻐하며 그에게 영광을 돌리세 어린 양의 혼인 기약이 이르렀고 그의 아내가 자신을 준비하였으므로

8. 그에게 빛나고 깨끗한 세마포 옷을 입도록 허락하셨으니 이 세마포 옷은 성도들의 옳은 행실이로다 하더라

9. 천사가 내게 말하기를 기록하라 어린 양의 혼인 잔치에 청함을 받은 자들은 복이 있도다 하고 또 내게 말하되 이것은 하나님의 참되신 말씀이라 하기로

10. 내가 그 발 앞에 엎드려 경배하려 하니 그가 나에게 말하기를 나는 너와 및 예수의 증언을 받은 네 형제들과 같이 된 종이니 삼가 그리하지 말고 오직 하나님께 경배하라 예수의 증언은 예언의 영이라 하더라

11. 또 내가 하늘이 열린 것을 보니 보라 백마와 그것을 탄 자가 있으니 그 이름은 충신과 진실이라 그가 공의로 심판하며 싸우더라

12. 그 눈은 불꽃 같고 그 머리에는 많은 관들이 있고 또 이름 쓴 것 하나가 있으니 자기밖에 아는 자가 없고

13. 또 그가 피 뿌린 옷을 입었는데 그 이름은 하나님의 말씀이라 칭하더라

14. 하늘에 있는 군대들이 희고 깨끗한 세마포 옷을 입고 백마를 타고 그를 따르더라

15. 그의 입에서 예리한 검이 나오니 그것으로 만국을 치겠고 친히 그들을 철장으로 다스리며 또 친히 하나님 곧 전능하신 이의 맹렬한 진노의 포도주 틀을 밟겠고

16. 그 옷과 그 다리에 이름을 쓴 것이 있으니 만왕의 왕이요 만주의 주라 하였더라

17. 또 내가 보니 한 천사가 태양 안에 서서 공중에 나는 모든 새를 향하여 큰 음성으로 외쳐 이르되 와서 하나님의 큰 잔치에 모여

18. 왕들의 살과 장군들의 살과 장사들의 살과 말들과 그것을 탄 자들의 살과 자유인들이나 종들이나 작은 자나 큰 자나 모든 자의 살을 먹으라 하더라

19. 또 내가 보매 그 짐승과 땅의 임금들과 그들의 군대들이 모여 그 말 탄 자와 그의 군대와 더불어 전쟁을 일으키다가

20. 짐승이 잡히고 그 앞에서 표적을 행하던 거짓 선지자도 함께 잡혔으니 이는 짐승의 표를 받고 그의 우상에게 경배하던 자들을 표적으로 미혹하던 자라 이 둘이 산 채로 유황불 붙는 못에 던져지고

21. 그 나머지는 말 탄 자의 입으로부터 나오는 검에 죽으매 모든 새가 그들의 살로 배불리더라. 를 역사적인 순서가 있는 시간에 차이가 있는 것으로 보지 않는다. 계시록 19장 10절에서 16절이계시록 19장 10절-16절 10. 내가 그 발 앞에 엎드려 경배하려 하니 그가 나에게 말하기를 나는 너와 및 예수의 증언을 받은 네 형제들과 같이 된 종이니 삼가 그리하지 말고 오직 하나님께 경배하라 예수의 증언은 예언의 영이라 하더라

11. 또 내가 하늘이 열린 것을 보니 보라 백마와 그것을 탄 자가 있으니 그 이름은 충신과 진실이라 그가 공의로 심판하며 싸우더라

12. 그 눈은 불꽃 같고 그 머리에는 많은 관들이 있고 또 이름 쓴 것 하나가 있으니 자기밖에 아는 자가 없고

13. 또 그가 피 뿌린 옷을 입었는데 그 이름은 하나님의 말씀이라 칭하더라

14. 하늘에 있는 군대들이 희고 깨끗한 세마포 옷을 입고 백마를 타고 그를 따르더라

15. 그의 입에서 예리한 검이 나오니 그것으로 만국을 치겠고 친히 그들을 철장으로 다스리며 또 친히 하나님 곧 전능하신 이의 맹렬한 진노의 포도주 틀을 밟겠고

16. 그 옷과 그 다리에 이름을 쓴 것이 있으니 만왕의 왕이요 만주의 주라 하였더라.

　이미 하나님께서 인류의 역사를 마치신 것이다.

　그럼 계시록 20장에 있는 천년 왕국에 대한 것은 보면 그것은 영화에서 이렇게 스토리가 전개되다가 갑자기 주인공이 과거의 사건을 회상할 때가 있다. 그래서 그와 마찬가지로 이미 하나님의 모든 이 세상에서 역사는 계시록 19장 11절에서 16절에 계시록 19장 11절-16절 11. 또 내가 하늘이 열린 것을 보니 보라 백마와 그것을 탄 자가 있으니 그 이름은 충신과 진실이라 그가 공의로 심판하며 싸우더라

12. 그 눈은 불꽃 같고 그 머리에는 많은 관들이 있고 또 이름 쓴 것 하나가 있으니 자기밖에 아는 자가 없고

13. 또 그가 피 뿌린 옷을 입었는데 그 이름은 하나님의 말씀이라 칭하더라

14. 하늘에 있는 군대들이 희고 깨끗한 세마포 옷을 입고 백마를 타고 그를 따르더라

15. 그의 입에서 예리한 검이 나오니 그것으로 만국을 치겠고 친히 그들을 철장으로 다스리며 또 친히 하나님 곧 전능하신 이의 맹렬한 진노의 포도주 틀을 밟겠고

16. 그 옷과 그 다리에 이름을 쓴 것이 있으니 만왕의 왕이요 만주의 주라 하였더라. 에서 끝났지만, 이제 20장에서 그전에 있었던 사건을 다시 한번 요약하는 그런 기능을 한다고 설명 하는 것이다.

　역사적 전천년주의에서는 요한계시록 19장과 20장을 시간의 순서로 보고 있다.

　그것은 19장의 거짓 삼위일체, 적 그리스도와 거짓 선지자와 짐승이 나오는데, 불못에 들어가는 짐승과 거짓 선지자는 들어가는데 적그리스도는 들어가지 않는다.

계시록 20장 이후에 나오는데. 20장 10절에 계시록 20장 10절 10. 또 그들을 미혹하는 마귀가 불과 유황 못에 던져지니 거기는 그 짐승과 거짓 선지자도 있어 세세토록 밤낮 괴로움을 받으리라. 나온다.

이는 적그리스도가 들어갈 때 이미 불못에는 거짓 선지자와 거짓 사도가 이 뱀, 짐승이 이제 거기에서 심판받고 있는 것을 보게 됩니다.

그러므로 신학 학자들과 많은 사람들은 이것을 시간적인 차이로 보고 있다.

8. 사탄의 결박이 나옵니다.

자, 이제 계시록 20장에 보면은 사탄의 결박이 나옵니다. 그를 꽁꽁 묶어서 무저갱에 넣고 봉인을 합니다.

봉인을 한다는 건 쓰여 덮는 거죠. 그래서 아무것도 세원하지 못하게 할 때 봉인한다고 합니다.

이것을 무천년에서는 어거스틴 같은 경우에 어떻게 이해했냐면, 마태복음12장 29절에 마태복음 12장 29절 29. 사람이 먼저 강한 자를 결박하지 않고서야 어떻게 그 강한 자의 집에 들어가 그 세간을 강탈하겠느냐 결박한 후에야 그 집을 강탈하리라. 에서강한 자를 결박하지 않고서야 그 강한 자의 탈취물을 어떻게 가져올 수 있겠느냐? 이렇게 얘기했습니다.

즉, 예수님께서 복음사역을 통해서 사탄의 세력을 결박하고 사탄에게 묶여 있던 하나님의 백성들을 다시 자유롭게 해준다 이런 말씀인데, 그것을 요한계시록에서 똑같은 진리를 다른 표현법으로 얘기한 것이다.

이렇게 믿는 것이 어거스틴이고 칼빈의 입장입니다.

이 땅에 천년왕국이 이루어진다고 믿는 분들은 그 요한계시록 20장에 있는 사탄의 결박은 복음 사역을 통해서 사탄의 권세였던 사람이 돌아오고, 또 사탄이 그런 면에서 그 세력이 약화되는 그 정도의 제한이라고 보지 않습니다.

요한계시록 20장의 사탄을 결박할 때는, 그 사탄이 활동을 하지 못하도록 무저갱에 넣어서 뚜껑을 덮고 왕국을 미혹하지 못하게 한다고 했는데 베드로전서 5장 8절을 보면, 베드로는 사탄이 심지어 선택받은 자까지도 유혹하려고 우는 사자와 같이 다니기 때문에 경계하라고 하고 있고, 또 에베소서 2장에서는 바울이 사탄은 이 세상의 임금이라고 묘사하고 있습니다.

왕국을 유혹하는 거죠. 그래서 사탄이 왕국을 정말 유혹하지 못하도록, 그 일정한 기간 동안에 "감금되는 것은 교회 시대가 아니라 천년왕국이 이루어질때다" 이렇게 말합니다.

또 요한계시록 20장에 요한계시록 20장 1. 또 내가 보매 천사가 무저갱의 열쇠와 큰 쇠사슬을 그의 손에 가지고 하늘로부터 내려와서

2. 용을 잡으니 곧 옛 뱀이요 마귀요 사탄이라 잡아서 천 년 동안 결박하여

3. 무저갱에 던져 넣어 잠그고 그 위에 인봉하여 천 년이 차도록 다시는 만국을 미혹하지 못하게 하였는데 그 후에는 반드시 잠깐 놓이리라

4. 또 내가 보좌들을 보니 거기에 앉은 자들이 있어 심판하는 권세를 받았더라 또 내가 보니 예수를 증언함과 하나님의 말씀 때문에 목 베임을 당한 자들의 영혼들과 또 짐승과 그의 우상에게 경배하지 아니하고 그들의 이마와 손에 그의 표를 받지 아니한 자들이 살아서 그리스도와 더불어 천 년 동안 왕 노릇 하니

5. (그 나머지 죽은 자들은 그 천 년이 차기까지 살지 못하더라) 이는

첫째 부활이라

6. 이 첫째 부활에 참여하는 자들은 복이 있고 거룩하도다 둘째 사망이 그들을 다스리는 권세가 없고 도리어 그들이 하나님과 그리스도의 제사장이 되어 천 년 동안 그리스도와 더불어 왕 노릇 하리라

7. 천 년이 차매 사탄이 그 옥에서 놓여

8. 나와서 땅의 사방 백성 곧 곡과 마곡을 미혹하고 모아 싸움을 붙이리니 그 수가 바다의 모래 같으리라

9. 그들이 지면에 널리 퍼져 성도들의 진과 사랑하시는 성을 두르매 하늘에서 불이 내려와 그들을 태워버리고

10. 또 그들을 미혹하는 마귀가 불과 유황 못에 던져지니 거기는 그 짐승과 거짓 선지자도 있어 세세토록 밤낮 괴로움을 받으리라

11. 또 내가 크고 흰 보좌와 그 위에 앉으신 이를 보니 땅과 하늘이 그 앞에서 피하여 간 데 없더라

12. 또 내가 보니 죽은 자들이 큰 자나 작은 자나 그 보좌 앞에 서 있는데 책들이 펴 있고 또 다른 책이 펴졌으니 곧 생명책이라 죽은 자들이 자기 행위를 따라 책들에 기록된 대로 심판을 받으니

13. 바다가 그 가운데에서 죽은 자들을 내주고 또 사망과 음부도 그 가운데에서 죽은 자들을 내주매 각 사람이 자기의 행위대로 심판을 받고

14. 사망과 음부도 불못에 던져지니 이것은 둘째 사망 곧 불못이라

15. 누구든지 생명책에 기록되지 못한 자는 불못에 던져지더라.

보면 첫 부활이라는 말이 나옵니다.

첫 부활에 참여하는 자는 그리스와 함께 왕 노릇 할 것이다. 이 첫 부활을 어거스틴이나 무천년주의를 믿고 있는 칼빈은 영적인 부활, 회심, 중생의 사건으로 보았습니다.

물론 회심과 중생이 이 부활의 측면이 있습니다. 우리 영혼이 죽어 있다가 다시 살아나는 것이니까요. 부활이라고 할 수 있겠죠.

그렇지만 또 역사가 천천년주의를 믿는 분들은 "그 요한계시록에 있는 첫 번째 부활은 영적인 부활이 아니다." 이렇게 봅니다.

1). 예수그리스도 육체의 부활을 말합니다.

육체적인 부활로 봅니다. 왜냐하면 헬라어 에재산이 요한계시록 2장 8절에 요한계시록 2장 8절 8. 서머나 교회의 사자에게 편지하라 처음이며 마지막이요 죽었다가 살아나신 이가 이르시되.에서 사용되었는데 유일하게 같은 단어가 사용된 곳입니다.

요한계시록 2장 8절에서는 예수 그리스도의 육체의 부활에 대해서 애기하고 있기 때문입니다.

그리고 왕 노릇하는 대상자들이 순교자입니다. 순교자라는 것은 이미 이 구원 받아서 그 영원히 부활한 것은 이전의 사건이고, 지금 왕 노릇에 참여하는 것은 육체적인 부활을 통해서 왕 노릇에 참여한다고 보기 때문에 이 땅에 지상 천년 왕국이 있을 거라고 봅니다.

어거스틴과 칼빈은 무천년 입장을 애기하면서 "이 교회 시대가 지금 무천년의 시대다. 즉 천년 왕국의 시대. 문자적인 천년 왕국은 없지만 영적인 천연 왕국이 이루어진다, 우리가 지금 다스리고 있다." 이렇게 애기합니다.

맞습니다. 우리 성도들이 그리스도의 왕권에 지금 참여해서 복음을 전하고 있습니다.

그러나 역사적 전천년주의를 믿는 분들은 성경에서 말하는 그리스도의 통치권은 그런 영적인 측면만이 아니라 망국을 철장으로 다스리는 그 통치권을 애기하고 있다, 그래서 계시록 2장 17절 계시록 2장 17절 17. 귀 있는 자는 성령이 교회들에게 하시는 말씀을 들을지어다 이기는 그에게는 내가 감추었던 만나를 주고 또 흰 돌을 줄 터인데 그 돌 위에 새 이름을 기록한 것이 있나니 받는 자 밖에는 그 이름을 알 사람이 없느니라. 12장 5절,계시록 12장 5절 5. 여자가 아들을 낳으니 이는 장차 철장으로 만국을 다스릴 남자라 그 아이를 하나님 앞과 그 보좌 앞으로 올려가더라. 그리고 시편의 2편,시편 2편 1. 어찌하여 이방 나라들이 분노하며 민족들이 헛된 일을 꾸미는가

2. 세상의 군왕들이 나서며 관원들이 서로 꾀하여 여호와와 그의 기름 부음 받은 자를 대적하며

3. 우리가 그들의 맨 것을 끊고 그의 결박을 벗어 버리자 하는도다

4. 하늘에 계신 이가 웃으심이여 주께서 그들을 비웃으시리로다

5. 그 때에 분을 발하며 진노하사 그들을 놀라게 하여 이르시기를

6. 내가 나의 왕을 내 거룩한 산 시온에 세웠다 하시리로다

7. 내가 여호와의 명령을 전하노라 여호와께서 내게 이르시되 너는 내 아들이라 오늘 내가 너를 낳았도다

8. 내게 구하라 내가 이방 나라를 네 유업으로 주리니 네 소유가 땅 끝까지 이르리로다

9. 네가 철장으로 그들을 깨뜨림이여 질그릇 같이 부수리라 하시도다

10. 그런즉 군왕들아 너희는 지혜를 얻으며 세상의 재판관들아 너희는 교훈을 받을지어다

11. 여호와를 경외함으로 섬기고 떨며 즐거워할지어다

12. 그의 아들에게 입맞추라 그렇지 아니하면 진노하심으로 너희가 길에서 망하리니 그의 진노가 급하심이라 여호와께 피하는 모든 사람은 다 복이 있도다.

와 110편에 시편 110편 1. 여호와께서 내 주에게 말씀하시기를 내가 네 원수들로 네 발판이 되게 하기까지 너는 내 오른쪽에 앉아 있으라 하셨도다

2. 여호와께서 시온에서부터 주의 권능의 규를 내보내시리니 주는 원

수들 중에서 다스리소서

3. 주의 권능의 날에 주의 백성이 거룩한 옷을 입고 즐거이 헌신하니 새벽 이슬 같은 주의 청년들이 주께 나오는도다

4. 여호와는 맹세하고 변하지 아니하시리라 이르시기를 너는 멜기세덱의 서열을 따라 영원한 제사장이라 하셨도다

5. 주의 오른쪽에 계신 주께서 그의 노하시는 날에 왕들을 쳐서 깨뜨리실 것이라

6. 뭇 나라를 심판하여 시체로 가득하게 하시고 여러 나라의 머리를 쳐서 깨뜨리시며

7. 길 가의 시냇물을 마시므로 그의 머리를 드시리로다.

빌립보서 2장 1. 그러므로 그리스도 안에 무슨 권면이나 사랑의 무슨 위로나 성령의 무슨 교제나 긍휼이나 자비가 있거든

2. 마음을 같이하여 같은 사랑을 가지고 뜻을 합하며 한마음을 품어

3. 아무 일에든지 다툼이나 허영으로 하지 말고 오직 겸손한 마음으로 각각 자기보다 남을 낫게 여기고

4. 각각 자기 일을 돌볼뿐더러 또한 각각 다른 사람들의 일을 돌보아 나의 기쁨을 충만하게 하라

5. 너희 안에 이 마음을 품으라 곧 그리스도 예수의 마음이니

6. 그는 근본 하나님의 본체시나 하나님과 동등됨을 취할 것으로 여기지 아니하시고

7. 오히려 자기를 비워 종의 형체를 가지사 사람들과 같이 되셨고

8. 사람의 모양으로 나타나사 자기를 낮추시고 죽기까지 복종하셨으니 곧 십자가에 죽으심이라

9. 이러므로 하나님이 그를 지극히 높여 모든 이름 위에 뛰어난 이름을 주사

10. 하늘에 있는 자들과 땅에 있는 자들과 땅 아래에 있는 자들로 모

든 무릎을 예수의 이름에 꿇게 하시고

11. 모든 입으로 예수 그리스도를 주라 시인하여 하나님 아버지께 영광을 돌리게 하셨느니라

12. 그러므로 나의 사랑하는 자들아 너희가 나 있을 때뿐 아니라 더욱 지금 나 없을 때에도 항상 복종하여 두렵고 떨림으로 너희 구원을 이루라

13. 너희 안에서 행하시는 이는 하나님이시니 자기의 기쁘신 뜻을 위하여 너희에게 소원을 두고 행하게 하시나니

14. 모든 일을 원망과 시비가 없이 하라

15. 이는 너희가 흠이 없고 순전하여 어그러지고 거스르는 세대 가운데서 하나님의 흠 없는 자녀로 세상에서 그들 가운데 빛들로 나타내며

16. 생명의 말씀을 밝혀 나의 달음질이 헛되지 아니하고 수고도 헛되지 아니함으로 그리스도의 날에 내가 자랑할 것이 있게 하려 함이라

17. 만일 너희 믿음의 제물과 섬김 위에 내가 나를 전제로 드릴지라도 나는 기뻐하고 너희 무리와 함께 기뻐하리니

18. 이와 같이 너희도 기뻐하고 나와 함께 기뻐하라

19. 내가 디모데를 속히 너희에게 보내기를 주 안에서 바람은 너희의 사정을 앎으로 안위를 받으려 함이니

20. 이는 뜻을 같이하여 너희 사정을 진실히 생각할 자가 이밖에 내게 없음이라

21. 그들이 다 자기 일을 구하고 그리스도 예수의 일을 구하지 아니하되

22. 디모데의 연단을 너희가 아나니 자식이 아버지에게 함같이 나와 함께 복음을 위하여 수고하였느니라

23. 그러므로 내가 내 일이 어떻게 될지를 보아서 곧 이 사람을 보내기를 바라고

24. 나도 속히 가게 될 것을 주 안에서 확신하노라

25. 그러나 에바브로디도를 너희에게 보내는 것이 필요한 줄로 생각

하노니 그는 나의 형제요 함께 수고하고 함께 군사 된 자요 너희 사자로 내가 쓸 것을 돕는 자라

26. 그가 너희 무리를 간절히 사모하고 자기가 병든 것을 너희가 들은 줄을 알고 심히 근심한지라

27. 그가 병들어 죽게 되었으나 하나님이 그를 긍휼히 여기셨고 그뿐 아니라 또 나를 긍휼히 여기사 내 근심 위에 근심을 면하게 하셨느니라

28. 그러므로 내가 더욱 급히 그를 보낸 것은 너희로 그를 다시 보고 기뻐하게 하며 내 근심도 덜려 함이니라

29. 이러므로 너희가 주 안에서 모든 기쁨으로 그를 영접하고 또 이와 같은 자들을 존귀히 여기라

30. 그가 그리스도의 일을 위하여 죽기에 이르러도 자기 목숨을 돌보지 아니한 것은 나를 섬기는 너희의 일에 부족함을 채우려 함이니라. 이런 곳에 보면은 그리고, 빌립보서 2장에

1. 그러므로 그리스도 안에 무슨 권면이나 사랑의 무슨 위로나 성령의 무슨 교제나 긍휼이나 자비가 있거든

2. 마음을 같이하여 같은 사랑을 가지고 뜻을 합하며 한마음을 품어

3. 아무 일에든지 다툼이나 허영으로 하지 말고 오직 겸손한 마음으로 각각 자기보다 남을 낫게 여기고

4. 각각 자기 일을 돌볼뿐더러 또한 각각 다른 사람들의 일을 돌보아 나의 기쁨을 충만하게 하라

5. 너희 안에 이 마음을 품으라 곧 그리스도 예수의 마음이니

6. 그는 근본 하나님의 본체시나 하나님과 동등됨을 취할 것으로 여기지 아니하시고

7. 오히려 자기를 비워 종의 형체를 가지사 사람들과 같이 되셨고

8. 사람의 모양으로 나타나사 자기를 낮추시고 죽기까지 복종하셨으니 곧 십자가에 죽으심이라

9. 이러므로 하나님이 그를 지극히 높여 모든 이름 위에 뛰어난 이름을 주사

10. 하늘에 있는 자들과 땅에 있는 자들과 땅 아래에 있는 자들로 모든 무릎을 예수의 이름에 꿇게 하시고

11. 모든 입으로 예수 그리스도를 주라 시인하여 하나님 아버지께 영광을 돌리게 하셨느니라

12. 그러므로 나의 사랑하는 자들아 너희가 나 있을 때뿐 아니라 더욱 지금 나 없을 때에도 항상 복종하여 두렵고 떨림으로 너희 구원을 이루라

13. 너희 안에서 행하시는 이는 하나님이시니 자기의 기쁘신 뜻을 위하여 너희에게 소원을 두고 행하게 하시나니

14. 모든 일을 원망과 시비가 없이 하라

15. 이는 너희가 흠이 없고 순전하여 어그러지고 거스르는 세대 가운데서 하나님의 흠 없는 자녀로 세상에서 그들 가운데 빛들로 나타내며

16. 생명의 말씀을 밝혀 나의 달음질이 헛되지 아니하고 수고도 헛되지 아니함으로 그리스도의 날에 내가 자랑할 것이 있게 하려 함이라

17. 만일 너희 믿음의 제물과 섬김 위에 내가 나를 전제로 드릴지라도 나는 기뻐하고 너희 무리와 함께 기뻐하리니

18. 이와 같이 너희도 기뻐하고 나와 함께 기뻐하라

19. 내가 디모데를 속히 너희에게 보내기를 주 안에서 바람은 너희의 사정을 앎으로 안위를 받으려 함이니

20. 이는 뜻을 같이하여 너희 사정을 진실히 생각할 자가 이밖에 내게 없음이라

21. 그들이 다 자기 일을 구하고 그리스도 예수의 일을 구하지 아니하되

22. 디모데의 연단을 너희가 아나니 자식이 아버지에게 함같이 나와 함께 복음을 위하여 수고하였느니라

23. 그러므로 내가 내 일이 어떻게 될지를 보아서 곧 이 사람을 보내

기를 바라고

24. 나도 속히 가게 될 것을 주 안에서 확신하노라

25. 그러나 에바브로디도를 너희에게 보내는 것이 필요한 줄로 생각하노니 그는 나의 형제요 함께 수고하고 함께 군사 된 자요 너희 사자로 내가 쓸 것을 돕는 자라

26. 그가 너희 무리를 간절히 사모하고 자기가 병든 것을 너희가 들은 줄을 알고 심히 근심한지라

27. 그가 병들어 죽게 되었으나 하나님이 그를 긍휼히 여기셨고 그뿐 아니라 또 나를 긍휼히 여기사 내 근심 위에 근심을 면하게 하셨느니라

28. 그러므로 내가 더욱 급히 그를 보낸 것은 너희로 그를 다시 보고 기뻐하게 하며 내 근심도 덜려 함이니라

29. 이러므로 너희가 주 안에서 모든 기쁨으로 그를 영접하고 또 이와 같은 자들을 존귀히 여기라

30. 그가 그리스도의 일을 위하여 죽기에 이르러도 자기 목숨을 돌보지 아니한 것은 나를 섬기는 너희의 일에 부족함을 채우려 함이니라.에보면은 만백성이 그리스도의 무 이름 앞에 무릎을 꿇고 이것은 그 어떤 그리스도의 영광과 위험 때문에 강제적으로 자기의 입을 열어서 그리스도가 주님이라는 걸 인정하게 되는 그런 세상의 어떤 혁명적인 변화를 얘기한다고 믿는 것입니다. 그래서 역사적 전천년주의자들이 보는 요한계시록 20장에 요한계시록 20장 1. 또 내가 보매 천사가 무저갱의 열쇠와 큰 쇠사슬을 그의 손에 가지고 하늘로부터 내려와서

2. 용을 잡으니 곧 옛 뱀이요 마귀요 사탄이라 잡아서 천 년 동안 결박하여

3. 무저갱에 던져 넣어 잠그고 그 위에 인봉하여 천 년이 차도록 다시는 만국을 미혹하지 못하게 하였는데 그 후에는 반드시 잠깐 놓이리라

4. 또 내가 보좌들을 보니 거기에 앉은 자들이 있어 심판하는 권세를

받았더라 또 내가 보니 예수를 증언함과 하나님의 말씀 때문에 목 베임을 당한 자들의 영혼들과 또 짐승과 그의 우상에게 경배하지 아니하고 그들의 이마와 손에 그의 표를 받지 아니한 자들이 살아서 그리스도와 더불어 천 년 동안 왕 노릇 하니

5. (그 나머지 죽은 자들은 그 천 년이 차기까지 살지 못하더라) 이는 첫째 부활이라

6. 이 첫째 부활에 참여하는 자들은 복이 있고 거룩하도다 둘째 사망이 그들을 다스리는 권세가 없고 도리어 그들이 하나님과 그리스도의 제사장이 되어 천 년 동안 그리스도와 더불어 왕 노릇 하리라

7. 천 년이 차매 사탄이 그 옥에서 놓여

8. 나와서 땅의 사방 백성 곧 곡과 마곡을 미혹하고 모아 싸움을 붙이리니 그 수가 바다의 모래 같으리라

9. 그들이 지면에 널리 퍼져 성도들의 진과 사랑하시는 성을 두르매 하늘에서 불이 내려와 그들을 태워버리고

10. 또 그들을 미혹하는 마귀가 불과 유황 못에 던져지니 거기는 그 짐승과 거짓 선지자도 있어 세세토록 밤낮 괴로움을 받으리라

11. 또 내가 크고 흰 보좌와 그 위에 앉으신 이를 보니 땅과 하늘이 그 앞에서 피하여 간 데 없더라

12. 또 내가 보니 죽은 자들이 큰 자나 작은 자나 그 보좌 앞에 서 있는데 책들이 펴 있고 또 다른 책이 펴졌으니 곧 생명책이라 죽은 자들이 자기 행위를 따라 책들에 기록된 대로 심판을 받으니

13. 바다가 그 가운데에서 죽은 자들을 내주고 또 사망과 음부도 그 가운데에서 죽은 자들을 내주매 각 사람이 자기의 행위대로 심판을 받고

14. 사망과 음부도 불못에 던져지니 이것은 둘째 사망 곧 불못이라

15. 누구든지 생명책에 기록되지 못한 자는 불못에 던져지더라.는 성도들과 그리스도가 다스리는 그 다스림은 아직은 이루어지지 않았다라

고 보지요. 이것은 영적인 것뿐만 아니라 정치적으로 사회적으로 나타나야 된다.

9. 지옥과 천국에 대해 알아 봅니다.

이제 다음으로 우리가 지옥과 천국에 대해서 알아 보기로 합니다.

지옥에 대해서 먼저 지옥이 장소라는 것을 말씀드리고 싶습니다. 적지 않은 그리스도인들이 지옥과 천국을 개념 상태로만 생각합니다.

그러나 이 성경은 지옥으로도 얘기해 지옥을 장소로도 얘기하고 있습니다.

그래서 마태복음 8장 11절에 마태복음 8장 11절 11또 너희에게 이르노니 동·서로부터 많은 사람이 이르러 아브라함과 이삭과 야곱과 함께 천국에 앉으려니와.

과 12절에 마태복음 8장 12절 12. 그 나라의 본 자손들은 바깥 어두운 데 쫓겨나 거기서 울며 이를 갈게 되리라. 보면, "너희가 그, 거기서 그 악한 자들은 나라의 본 자손들은 바깥 어두운데 쫓겨나 거기서 울며 이를 갈게 될 것이다."

In Net Place 장소를 얘기하고 있고, 또 마가복음 9장 47절에 마가복음 9장 47절 47. 만일 네 눈이 너를 범죄하게 하거든 빼버리라 한 눈으로 하나님의 나라에 들어가는 것이 두 눈을 가지고 지옥에 던져지는 것보다 나으니라.과 49절에 마가복음 9장 49절 49. 사람마다 불로써 소금 치듯 함을 받으리라. 보면 "두 눈을 가지고 지옥에 던져지는 것보다 차라리 한눈을 빼고 하나님 나라에 들어가는 게 낫다."

왜냐하면 지옥에 가면 거기에서는 구더기도 죽지 않고 불도 꺼지지 않는다. 예수님이 장소의 개념을 소개하고있습니다.

또 누가복음 16장, 누가복음 16장 1. 또한 제자들에게 이르시되 어떤 부자에게 청지기가 있는데 그가 주인의 소유를 낭비한다는 말이 그 주인에게 들린지라

2. 주인이 그를 불러 이르되 내가 네게 대하여 들은 이 말이 어찌 됨이냐 네가 보던 일을 셈하라 청지기 직무를 계속하지 못하리라 하니

3. 청지기가 속으로 이르되 주인이 내 직분을 빼앗으니 내가 무엇을 할까 땅을 파자니 힘이 없고 빌어 먹자니 부끄럽구나

4. 내가 할 일을 알았도다 이렇게 하면 직분을 빼앗긴 후에 사람들이 나를 자기 집으로 영접하리라 하고

5. 주인에게 빚진 자를 일일이 불러다가 먼저 온 자에게 이르되 네가 내 주인에게 얼마나 빚졌느냐

6. 말하되 기름 백 말이니이다 이르되 여기 네 증서를 가지고 빨리 앉아 오십이라 쓰라 하고

7. 또 다른 이에게 이르되 너는 얼마나 빚졌느냐 이르되 밀 백 석이니이다 이르되 여기 네 증서를 가지고 팔십이라 쓰라 하였는지라

8. 주인이 이 옳지 않은 청지기가 일을 지혜 있게 하였으므로 칭찬하였으니 이 세대의 아들들이 자기 시대에 있어서는 빛의 아들들보다 더 지혜로움이니라

9. 내가 너희에게 말하노니 불의의 재물로 친구를 사귀라 그리하면 그 재물이 없어질 때에 그들이 너희를 영주할 처소로 영접하리라

10. 지극히 작은 것에 충성된 자는 큰 것에도 충성되고 지극히 작은 것에 불의한 자는 큰 것에도 불의하니라

11. 너희가 만일 불의한 재물에도 충성하지 아니하면 누가 참된 것으로 너희에게 맡기겠느냐

12. 너희가 만일 남의 것에 충성하지 아니하면 누가 너희의 것을 너희에게 주겠느냐

13. 집 하인이 두 주인을 섬길 수 없나니 혹 이를 미워하고 저를 사랑하거나 혹 이를 중히 여기고 저를 경히 여길 것임이니라 너희는 하나님과 재물을 겸하여 섬길 수 없느니라

14. 바리새인들은 돈을 좋아하는 자들이라 이 모든 것을 듣고 비웃거늘

15. 예수께서 이르시되 너희는 사람 앞에서 스스로 옳다 하는 자들이나 너희 마음을 하나님께서 아시나니 사람 중에 높임을 받는 그것은 하나님 앞에 미움을 받는 것이니라

16. 율법과 선지자는 요한의 때까지요 그 후부터는 하나님 나라의 복음이 전파되어 사람마다 그리로 침입하느니라

17. 그러나 율법의 한 획이 떨어짐보다 천지가 없어짐이 쉬우리라

18. 무릇 자기 아내를 버리고 다른 데 장가 드는 자도 간음함이요 무릇 버림당한 여자에게 장가드는 자도 간음함이니라

19. 한 부자가 있어 자색 옷과 고운 베옷을 입고 날마다 호화롭게 즐기더라

20. 그런데 나사로라 이름하는 한 거지가 헌데 투성이로 그의 대문 앞에 버려진 채

21. 그 부자의 상에서 떨어지는 것으로 배불리려 하매 심지어 개들이 와서 그 헌데를 핥더라

22. 이에 그 거지가 죽어 천사들에게 받들려 아브라함의 품에 들어가고 부자도 죽어 장사되매

23. 그가 음부에서 고통중에 눈을 들어 멀리 아브라함과 그의 품에 있

는 나사로를 보고

24. 불러 이르되 아버지 아브라함이여 나를 긍휼히 여기사 나사로를 보내어 그 손가락 끝에 물을 찍어 내 혀를 서늘하게 하소서 내가 이 불꽃 가운데서 괴로워하나이다

25. 아브라함이 이르되 얘 너는 살았을 때에 좋은 것을 받았고 나사로는 고난을 받았으니 이것을 기억하라 이제 그는 여기서 위로를 받고 너는 괴로움을 받느니라

26. 그뿐 아니라 너희와 우리 사이에 큰 구렁텅이가 놓여 있어 여기서 너희에게 건너가고자 하되 갈 수 없고 거기서 우리에게 건너올 수도 없게 하였느니라

27. 이르되 그러면 아버지여 구하노니 나사로를 내 아버지의 집에 보내소서

28. 내 형제 다섯이 있으니 그들에게 증언하게 하여 그들로 이 고통 받는 곳에 오지 않게 하소서

29. 아브라함이 이르되 그들에게 모세와 선지자들이 있으니 그들에게 들을지니라

30. 이르되 그렇지 아니하니이다 아버지 아브라함이여 만일 죽은 자에게서 그들에게 가는 자가 있으면 회개하리이다

31. 이르되 모세와 선지자들에게 듣지 아니하면 비록 죽은 자 가운데서 살아나는 자가 있을지라도 권함을 받지 아니하리라 하였다 하시니라. 먼저 나사로와 부자에 대해 얘기할 때, 부자가 그 지역에서 고통을 받고 있었죠. 내 형제 다섯이 있으니 그들에게 증언케 하여 그들로 이 고통받는 곳에 영어 성경에는 This Place Up Paul mount 이렇게 되어 있습니다.

1). 지옥은 누가 들어 가나요

아, 지옥이 상태이기도 하지만, 장소라는 걸 알 수 있습니다.

그럼 어디에 있을까요? 우리는 알 수 없습니다. 성경이 얘기하지 않기 때문에 그것에 대해서 신경을 쓰지 마시기 바랍니다.

자, 지옥에 누가 들어갈까요? 지옥은 원래 인간을 위해서 만들어진 것이 아닙니다.

마태복음 25장 41절에 예수님이 이렇게 말씀하십니다.

"왼편에 있는 자들에게, 염소들에게, 하나님의 백성이 아닌 자들에게 저주를 받은 자들아 나를 떠나가라 나를 떠나가서 첫째 마귀와 둘째 그 사자들을 위해 예비한 영원한 불에 들어가라"

자 지옥의 형벌은 누구를 위해서 준비된 것인지 알수 있습니다. 원래는 마귀와 마귀를 추정하는 그의 사자들, 그와 함께 타락한 천사들, 귀신들이라고 불리우는 그 천사들을 위해서 준비된 것입니다.

그럼에도 불구하고 마태복음 25장 46절에 마태복음 25장 46절 46. 그들은 영벌에, 의인들은 영생에 들어가리라 하시니라. 에서는 예수님께서 그 염소에 해당하는 자기 왼편에 있는 자들에게 말씀하시면서, "선인은 영원한 생명으로 들어가지만, 너희 같은 마귀는 영원한 불로 들어가서 형벌을 받을 것이다" 이렇게 말씀하십니다.

즉, 사람도 마귀와 그의 천사들을 위해서 예비하신 그 지역에 들어갈 수 있는데, 어떤 사람들이냐면 하나님의 창조 의도와 달리 하나님의 복음을 전했음에도 불구하고 거절하고 죄 가운데 살아서 지옥에 갈 수밖에 없는 자들, 마귀의 운명에 동참한 자들, 스스로 선택한 자들, 죄를 지으므로 마귀의 운명을 선택한 자들에게는 나에게 중요함 부름 같이 받게 됩니다.

지옥에 들어가면 이것은 영원한 것입니다. 성경에서는 계시록 20장 13절, 14절, 15절에서 13. 바다가 그 가운데서 죽은 자들을 내어주고 또 사망과 음부도 그 가운데서 죽은 자들을 내어주매 각 사람이 자기의 행

위대로 심판을 받고

14. 사망과 음부도 불못에 던지우니 이것은 둘째 사망 곧 불못이라

15. 누구든지 생명책에 기록되지 못한 자는 불못에 던지우더라.이는 사망과 음부도 불못에 던져지고요, 이것을 둘째 사망이라고 기록하고 있습니다.

인간성 전체가 지옥에서 형벌을 받는 것입니다. 다니엘서 12장 2절 "땅의 티끌 가운데서 자는 자 중에 많은 사람이 깨어나 영생을 받는 자도 있겠고, 수치를 당하여 영원히 부끄러움을 당할 자도 있을 것이다."

두 가지가 있죠. 영원한 생명, 영원한 수치 요한복음 5장 28, 요한복음 5장 28절 28. 이를 놀랍게 여기지 말라 무덤 속에 있는 자가 다 그의 음성을 들을 때가 오나니.과 29절에 요한복음 5장 29절 29. 선한 일을 행한 자는 생명의 부활로, 악한 일을 행한 자는 심판의 부활로 나오리라. 다시 말씀드리겠습니다.

"무덤 속에 있는 자가 다 그의 음성을 들을 때가 오나니, 선한 일을 행한 자는 믿는 자는 생명의 부활로, 악한 이를 행한 자는 믿지 않는 자는 심판의 부활로 두 가지 부활이 있는데, 그것은 영혼과 육체가 다시 연합되는 것입니다.

이 지역에 대해서 세 가지 견해가 있습니다. 어떤 사람들은 아, 이 지옥이 사라질 것이다. 아 이렇게 믿는 사람들 있구요, 보편적인 구원론이구요, 이것은 교회에서 정죄되었습니다.

그저 성경적인 가르침은 영원한 형벌입니다.

우리의 존재가 사라지지 않고 부활의 육체를 입었기 때문에 우리는 영원한 형벌을 받게 될 것입니다.

10. 영원토록 형벌받는 곳이 지옥입니다.

　영혼 멸절설은 지옥에 가면 죄인들의 영혼이 형벌을 받아서 소멸되는데, 소멸된 결과가 영원히 남는다는 것이고요, 성경적인 가르침은 영혼이 육체가 형벌 받아도 사라지지 않고 부활한 육체를 입었기 때문에 영원토록 형벌 받는 장소입니다.

　이곳 지옥에는 아무도 들어가서는 안 됩니다. 하나님과 영원히 분리되고 고통도 영원히 있는 곳입니다.

　따라서 우리가 복음을 전해야 되고, 혹시 이 복음을 보는 분 중에 예수님을 아직 영접하시지 않은 분들이 있다면 그리스도를 통해서 죄 사함을 받고 영원한 천국에 들어가시기를 바랍니다. 축복 받으시기 바랍니다.

■ 부록

8부
수원 그리스도 교회

■부록 | 수원 그리스도 교회 설교집

수원 그리스도의 교회
Suwon Church Of Christ

하나님은 영이시니
예배하는 자가 신령과 진리로 예배할 찌니라(요4:24).
오늘의 말씀

섬기는 이들

담 임 목 사 : 장 재 명
권　　　사 : 윤 명 순
목　　　사 : 장 동 철
반　　　주 : 장 동 철
권　　　사 : 성 매 자
권　　　사 : 장 영 화

※ 헌금은 오실 때 가실 때 불우이웃을 위하여 사용하셔도 좋습니다.
※ 주소 : 경기도 수원시 장안구 팔달로 292번길 15-10(영화동) 2층

예배 순서

2025. 4. 04. 오전 11:00

인도		장동철 목사
예배 성경	(요4:24)	인도자
※묵도		인도자
※찬송	548장	주기도문 인도자
※성시교독·시편 1편		인도자
※신앙고백		인도자
시작기도		인도자
찬송	1장	인도자
성경봉독		윤명순 당회장
특별찬송	499장	인도자
설교	장재명	담임목사
찬송	427장	인도자
성찬사	고전11장:23-3	인도자
성찬기도		인도자
성찬송	281장	인도자
※특송	259장	인도자
헌금 기도	윤명순	당회장
교회 소식		인도자
중보기도		윤명순 당회장
※폐회찬송	545장	인도자
※축도	장재명	담임목사

☞※ 표는 일어서기 표시입니다.

성만찬

고린도전서 11:23~32

23. 내가 너희에게 전한 것은 주께 받은 것이니 곧 주 예수께서 잡히시던 밤에 떡을 가지사

24. 축사하시고 떼어 이르시되 이것은 너희를 위하는 내 몸이니 이것을 행하여 나를 기념하라 하시고

25. 식후에 또한 그와 같이 잔을 가지시고 이르시되 이 잔은 내 피로 세운 새 언약이니 이것을 행하여 마실 때마다 나를 기념하라 하셨으니

26. 너희가 이 떡을 먹으며 이 잔을 마실 때마다 주의 죽으심을 그가 오실 때까지 전하는 것이니라

27. 그러므로 누구든지 주의 떡이나 잔을 합당하지 않게 먹고 마시는 자는 주의 몸과 피에 대하여 죄를 짓는 것이니라

28. 사람이 자기를 살피고 그 후에야 이 떡을 먹고 이 잔을 마실지니

29. 주의 몸을 분별하지 못하고 먹고 마시는 자는 자기의 죄를 먹고 마시는 것이니라

30. 그러므로 너희 중에 약한 자와 병든 자가 많고 잠자는 자도 적지 아니하니

31. 우리가 우리를 살폈으면 판단을 받지 아니하려니와

32. 우리가 판단을 받는 것은 주께 징계를 받는 것이니 이는 우리로 세상과 함께 정죄함을 받지 않게 하려 하심이라. —아멘—

제목: 우리는 하나님께서 주신 지혜로 삶을 살아야 합니다.

성경구절: 시편 90:1~12 말씀 장재명 담임목사

시편 90:1~12

1. 주여 주는 대대에 우리의 거처가 되셨나이다
2. 산이 생기기 전, 땅과 세계도 주께서 조성하시기 전 곧 영원부터 영원까지 주는 하나님이시니이다
3. 주께서 사람을 티끌로 돌아가게 하시고 말씀하시기를 너희 인생들은 돌아가라 하셨사오니
4. 주의 목전에는 천 년이 지나간 어제 같으며 밤의 한 순간 같을 뿐임이니이다
5. 주께서 그들을 홍수처럼 쓸어가시나이다 그들은 잠깐 자는 것 같으며 아침에 돋는 풀 같으니이다
6. 풀은 아침에 꽃이 피어 자라다가 저녁에는 시들어 마르나이다
7. 우리는 주의 노에 소멸되며 주의 분내심에 놀라나이다
8. 주께서 우리의 죄악을 주의 앞에 놓으시며 우리의 은밀한 죄를 주의 얼굴 빛 가운데에 두셨사오니
9. 우리의 모든 날이 주의 분노 중에 지나가며 우리의 평생이 순식간에 다하였나이다

10. 우리의 연수가 칠십이요 강건하면 팔십이라도 그 연수의 자랑은 수고와 슬픔뿐이요 신속히 가니 우리가 날아가나이다

11. 누가 주의 노여움의 능력을 알며 누가 주의 진노의 두려움을 알리이까

12. 우리에게 우리 날 계수함을 가르치사 지혜로운 마음을 얻게 하소서

디모데전서 6장 3-5절

3. 누구든지 다른 교훈을 하며 바른 말 곧 우리 주 예수 그리스도의 말씀과 경건에 관한 교훈을 따르지 아니하면

4. 그는 교만하여 아무 것도 알지 못하고 변론과 언쟁을 좋아하는 자니 이로써 투기와 분쟁과 비방과 악한 생각이 나며

5. 마음이 부패하여지고 진리를 잃어 버려 경건을 이익의 방도로 생각하는 자들의 다툼이 일어나느니라 -아멘

■ 서론

☞ 시편 90편은 영원한 하나님을 안전한 거처로 삼아왔으나, 자신들의 죄로 인해 죽음의 선고를 받은 이스라엘에게 한 번 더 은혜를 베풀어 주실 것을 중보하는 내용입니다.

광야의 고통을 토로하는 것이 아니라 백성들로 인한 어려움을 한탄하는 것이 아닌 하나님의 영원성을 제일 처음 노래합니다.

1. 하나님의 지혜를 구함(11~12절)

사람에게 있어서 가장 중요한 지혜는 하나님을 아는 것입니다.

이렇게 짧고 짧은 인생에 필요한 것이 지혜입니다.

죄를 지은 인생의 삶은 '무가치', '허무'를 느끼게 됩니다. 그래서 때로는 무의미함 속에서 인생의 참된 목적을 모를 수 있습니다.

우리는 지혜가 필요합니다. 지혜는 히브리어로 호크마라고 하는데 호크마 주석성경을 보면 율법에 새겨진 지혜라는 의미입니다.

말씀을 통해서 얻어진 넘버링입니다.

이스라엘이 지금 광야에서 고통을 당하는 것은 그들의 교만이고, 죄 때문입니다.

하나님의 분노로 인해 그들은 어려움 속에 빠져있습니다.

광야에서 살다가 잔머리 굴리게 되면 빨리 죽습니다.

또한 하나님의 은혜가 임하면 성도들이 하는 일은 헛되지 않습니다.

반석 위에 지은 집이 요동하지 않는 것처럼 하나님께서 함께 하시면 틀림없이 이루어집니다.

■ 결론

이와 같이 저와 여러분들도 우리가 믿고 의지해야 할 것은 세상에 없습니다.

오직 하나님 외에는 든든한 반석은 없습니다.

우리에게 주어진 짧은 인생을 하나님과 함께한다면 지혜롭게 보낼 수 있을 것입니다. 또한 의미 있는 삶이 될 수 있습니다.

우리가 예수님을 믿는 것은 구원받고 제자되는 삶입니다.

무엇보다 반석 되신 하나님의 은혜가 부어져서 우리의 인생이 평안과 기쁨이 넘치게 되시길 우리 주 예수 그리스도의 이름으로 축원합니다.

– 아멘 –

기도 : 하나님 아버지 우리가 온전한 믿음으로 하나님을 높이며, 이를 행하고 실천하는 교회가 되게 하여 주시어서 예비 된 축복을 넘치도록 받을 수 있도록 은혜 내려주시옵소서 이 모든 말씀 우리 주 예수님의 이름으로 기도합니다.

– 아멘 – ✞

하나님 아버지

초판 1쇄 발행 | 2025년 6월 30일
지은이 | 장재명
펴낸이 | 이명권
펴낸곳 | 열린서원
편집디자인 | 산맥
등록번호 | 제300-2015-130호(1999년)
주소 | 강원특별자치도 화천군 간동면 용호길 73-155
전화 | 010-2128-1215
전자우편 | imkkorea@hanmail.net
ISBN | 979-11-89186-77-7(03230)

값 20,000원

※ 잘못 만들어진 책은 구입한 곳에서 교환해 드립니다.
※ 이 도서에 국립중앙도서관 출판사 도서목록은 e-CRP홈페이지
 (http://www.nl.go.kr/ecip)에서 이용하실 수 있습니다.